Teamarbeit –
Führen und Erfolge sichern

von
Rainer Niermeyer

Haufe
Freiburg · Berlin · München

Die Deutsche Bibliothek – CIP Einheitsaufnahme

Niermeyer, Rainer:
Teamarbeit: Führen und Erfolge sichern / Rainer Niermeyer.
– 1. Auflage – Freiburg (Breisgau) ; Berlin ; München : Haufe, 2001
ISBN 3-448-04382-6

ISBN 3-448-04382-6   Best.-Nr. 00595-0001

© 2001, Rudolf Haufe Verlag GmbH & Co. KG, Freiburg i. Br.
Redaktionsanschrift: Haufe Mediengruppe
Postanschrift: Postfach 1363, 82142 Planegg
Hausanschrift: Fraunhoferstraße 5, 82152 Planegg
Telefon (0 89) 8 95 17-0, Telefax (0 89) 8 95 17-2 50
E-Mail: online@haufe.de, Internet: http://www.haufe.de
Lektorat: Dipl.-Kffr. Kathrin Menzel-Salpietro, Helmut Haunreiter

Alle Rechte, auch die des auszugsweisen Nachdrucks, der fotomechanischen Wiedergabe (einschließlich Mikrokopie) sowie der Auswertung durch Datenbanken oder ähnliche Einrichtungen vorbehalten.

Umschlaggestaltung: Atelier Höpfner-Thoma, 81679 München
Satzbearbeitung: Satzstudio „Süd-West" GmbH, 82166 Gräfelfing
Druck: Bosch-Druck GmbH, 84030 Ergolding

Inhaltsverzeichnis

Vorwort	7
Einführung	9
Was ist ein Team?	11
Echte und „unechte" Teams	11
Stärken und Schwächen von Teams	13
Grenzen der Teamarbeit	17
Mit Zielen zum Erfolg	20
Teamziele	20
Organisatorische Voraussetzungen	25
Das Team zusammenstellen	28
Die ideale Teamgröße	28
Auswahl des Teamleaders	30
Auswahl der Teammitglieder	52
Teamentwicklung	73
Die Teamentwicklungsphasen	73
Coaching	84
Toolbox	109
Tool 1: Ziele vereinbaren	109
Tool 2: Teams evaluieren	116
Tool 3: Meetings moderieren	121
Tool 4: Konflikte managen	133
Tool 5: Feedback geben und nehmen	144

Das Team der Zukunft 152

Literaturverzeichnis 156

Stichwortverzeichnis 157

Anhang 161

    Kreativitätstechniken zum Einsatz in Meetings   162
    Der Teamfragebogen   166
    Zielvereinbarungen   175
    Persönlicher Entwicklungsplan zum Einzelcoaching   177
    Teamspielregeln   180
    Feedback-Regeln   181

Vorwort

Warum ein Buch über Teamarbeit? Die Antwort ist einfach: Herrschten in den Siebzigerjahren noch Visionen teamorientierter Unternehmen vor, belegen jetzt, an der Schwelle des neuen Jahrtausends, die Erfolge teamfokussierter Arbeit, dass sie anderen Formen der Zusammenarbeit überlegen ist.

Teams versprechen die schnelle Kombinierbarkeit unterschiedlichster Kompetenzen, um ein komplexes Problem rasch zu lösen. Sie sind flexibel einsetzbar, zügig formbar, reformierbar, relativ schnell wieder auflösbar und schnell im Informationsdurchsatz.

Vor allem in Projektteams finden sich immer wieder aufs Neue Menschen, die mit unterschiedlichen Kompetenzen ausgestattet sind. Dies ist der Vorteil, den Teamarbeit bietet. Dieselben Menschen sind jedoch auch in ihrem „Mensch-Sein" unterschiedlich. Das bietet Chancen, aber zugleich Hürden, die es zu überwinden gilt.

Neben den Chancen der Teamarbeit werden auch deren Grenzen aufgezeigt.

Dieses Buch möchte Ihnen hinsichtlich der folgenden Fragen ein Ratgeber sein:

- Wie lebe ich in einem Team?
- Wie kann ich es formen?
- Wie führe ich ein erfolgreiches Team?

Sie werden immer wieder auf Fragebögen, Checklisten und Freiräume für Ihre eigenen Notizen treffen – nutzen Sie diese! Geben Sie sich die Gelegenheit, sich selbst und Ihre Umwelt ein Stück weit zu überprüfen. Sie können um so mehr profitieren, je mehr Sie das Gelesene mit Ihren persönlichen Erfahrungen kombinieren und auf Ihre eigene Umwelt übertragen.

Dieses Buch ist all jenen gewidmet, die sich der Herausforderung „Arbeiten im Team" stellen wollen. Es soll Ihnen Mut machen, sich auf die verschiedenen Menschen einzulassen, denen Sie begegnen. Erkennen und Nutzen Sie den Wert der Unterschiedlichkeit für den Erfolg Ihrer Aufgaben!

Viel Erfolg!

Rainer Niermeyer

> *Zusammenkunft ist ein Anfang. Zusammenhalt ist ein Fortschritt.*
> *Zusammenarbeit ist der Erfolg.*
> *(Henry Ford, 1863-1947)*

Einführung

Wirtschaft und Gesellschaft sind nun mitten im Wandel. Eine neue Ökonomie wächst heran und zwingt die alte zu radikalen Umdenkungsprozessen. Die Übernahme von Time Warner durch AOL demonstrierte, dass die Macht der „Neuen" kein Hirngespinst von Börsenanalysten mehr ist. Zum ersten Mal schluckte das Neue Medium das Alte.

Die grundlegende Wandlung der (Wirtschafts-) Welt wirkt sich massiv auf die Organisations- und Arbeitsformen aus. In der IT-Branche, Vorreiter und Motor des Wandels, zeigen sich diese Formen der Zusammenarbeit in aller Klarheit. Es ist hier üblich, dass kleine Teams sehr eigenständig an Projekten arbeiten. Nach erfolgreichem Projektabschluss suchen sich die Teammitglieder neue Aufgaben und neue Mitstreiter im Unternehmen.

Ein weiteres Phänomen, welches das „Team" als eine grundlegende Form der Zusammenarbeit in den Mittelpunkt rückt, ist eine Trendbeobachtung, die Kienbaum macht: Anlegergruppen investieren – jenseits der temporären Euphorie für Internet, Biotechnologie und Logistik – in Unternehmen, die insbesondere für ihre Attraktivität als Arbeitgeber bekannt sind. Denn hier werden sich in Zukunft die potentesten Köpfe sammeln. Mit anderen Worten: Langfristig wird ökonomischer Erfolg vor allem dort erwartet, wo die Mitarbeiter ihre Fähigkeiten optimal entfalten können und mit hoher Motivation die gemeinsamen Ziele verwirklichen.

Hierarchische Organisationen sind, bei aller Berechtigung, u. a. deshalb so schwerfällig, weil sich die Loyalität der einzelnen Mitarbeiter häufig eher auf den eigenen Vorgesetzten als auf das Unternehmen richtet:

"Lieber mit dem Chef irren als gegen ihn Recht haben!" Auch Bezahlung und Karriere der Mitarbeiter ist von diesem Denken abhängig. Diese Unternehmen werden in einem sich rasch verändernden Umfeld schwerfällig und haben langfristig nur geringe Überlebenschancen. Bürokratische, langsame Strukturen sind nicht mehr fähig, der Geschwindigkeit des Marktes zu folgen. Wer den Markt in seiner Entwicklung gar mit beeinflussen möchte, braucht ein Mehr an Flexibilität, Innovation und Synergie. Diese Fähigkeiten können Unternehmen mit klassischen hierarchischen Organigrammen und Arbeitsanweisungen nicht genügend entwickeln.

Die „alten", funktional und hierarchisch gegliederten Organisationen werden zunehmend durch Netzwerke aus kleineren, flexibleren und autonomeren Einheiten abgelöst. Diese Organisationsform ist lernfähiger – denn sie lässt sich schnell und pragmatisch den sich stets wandelnden Bedingungen anpassen.

Es wird künftig ein entscheidender Wettbewerbsvorteil auf den globalen Märkten sein, im „war for talents" hoch motivierte und hoch talentierte Mitarbeiter zu binden. Teams bieten für diese umkämpfte Zielgruppe die ideale Arbeitsumgebung: Sie sind hoch motivierend für ihre Mitarbeiter, überschaubar groß und weitgehend selbstverantwortlich und kreativ.

Das Ganze ist mehr als die Summe seiner Teile.
(Christian von Ehrenfels, 1899)

Was ist ein Team?

- Wodurch unterscheiden sich Teams von Arbeitsgruppen?
- Was sind die Stärken und Vorteile, die Teamarbeit gegenüber anderen Arbeitsformen auszeichnet?
- Welche Ziele und Aufgaben können Teams innerhalb von Organisationen bearbeiten?
- Welche Voraussetzungen sind für die Einführung von Teams zu erfüllen?
- Wo liegen die Grenzen und Schwächen der Teamarbeit?

Echte und „unechte" Teams

In kaum einer Stellenanzeige in der Samstagszeitung fehlt heute der Hinweis auf „Teamarbeit", den „Teamgedanken" oder die gewünschte „Teamfähigkeit".

Und die meisten Menschen sprechen, wenn sie von ihrem Arbeitsumfeld reden, von einem „Team". „Wir sollten im Team ...", „Bei uns im Team ..." sind häufig gehörte Redewendungen. Doch wer arbeitet wirklich in einem Team? Nur wer im selben Büroraum sitzt, arbeitet deshalb noch nicht im Team. Auch wer ähnliche und gleiche Sachverhalte bearbeitet, ist darum noch kein Teamarbeiter.

Welche Formen der Zusammenarbeit existieren, die gerne als Team bezeichnet werden? Hand aufs Herz: Welche Beschreibung passt am ehesten auf Ihre eigene Arbeitsumgebung?

Formen der Zusammenarbeit

Die Arbeitsgruppe

Gruppe, in der alle Mitarbeiter ähnlich gelagerte Inhalte bearbeiten. Die räumliche Nähe dient dem Informations- und Meinungsaustausch, jedoch werden Aufgaben nicht gemeinsam verfolgt, sondern in Schritten nacheinander bearbeitet.

Pseudo-Team

„Teams", die keinen Wert auf gemeinschaftliche Leistung legen und diese auch nicht wirklich anstreben.

Potenzielles Team

Gruppe, in der erhöhte Leistungsanforderungen bestehen und in der auch versucht wird, diese zu erfüllen. Es fehlt größere Klarheit über Existenzzweck, Ziele oder Arbeitsergebnisse sowie den gemeinsamen Arbeitseinsatz. Es hat sich auch noch keine gemeinschaftliche Verantwortung entwickelt.

Echtes Team

Überschaubare Anzahl von Personen mit einander ergänzenden Fähigkeiten, die sich alle gleichermaßen für eine gemeinsame Sache, gemeinsame Ziele und Vorgehensweisen engagieren und einander gegenseitig zur Verantwortung ziehen.

Hochleistungsteams

Erfüllt alle Kriterien des „echten Teams". Darüber hinaus setzen sich die Mitglieder besonders für die persönliche Entwicklung und den Erfolg ihrer Mitstreiter ein. Durch das ausgeprägte Bewusstsein über die Rolle des Teams beim Erreichen der Unternehmensziele übertrifft es die Leistungen ähnlicher Teams und die geäußerten Erwartungen.

Welche wesentlichen Kriterien müssen erfüllt sein, um die Zusammenarbeit von Menschen als „Team" bezeichnen zu können? Sehen Sie dazu die folgende Checkliste:

> **Checkliste: Arbeite ich in einem Team?**
>
> - Teams sind fach- (und abteilungs-) übergreifende Gruppen.
> - Innerhalb eines Teams sind Rechte und Pflichten, unabhängig von hierarchischen Gegebenheiten außerhalb des Teamkontextes, gleich (unter Umständen mit Ausnahme der Funktion des Team-Leaders).
> - Komplexe Aufgaben werden in einem Team durch die Kombination von unterschiedlichem Spezialisten- und Laienwissen gelöst.
> - Teams sind Arbeitsgruppen, die sich unter der Moderation eines Teamleiters selbst organisieren.
> - Einzelne Mitarbeiter können gleichzeitig in verschiedenen Teams arbeiten – besonders in sehr projektbezogen arbeitenden Unternehmen.
> - Teams finden sich für die gemeinsame Arbeit an bestimmten Aufgaben und Vorhaben zusammen – sie sind keine Gruppen von Menschen, die parallel zueinander dasselbe tun.
> - Jeder beteiligt sich nach persönlichen Fähigkeiten und Kenntnissen an der gemeinsamen Aufgabe. Innerhalb des Teams gibt es – mit Ausnahme des Teamleiters – keine hierarchischen Abstufungen.

Stärken und Schwächen von Teams

Der Grund, warum Teams zu erfolgreichen Problemlösern gemacht werden, liegt in der Kombination der unterschiedlichen Kompetenzen. Die Anforderungen an die Geschwindigkeit, die Qualität und die Komplexität der Leistungen, die Mitarbeiter zu erbringen haben, sind kaum mehr durch Einzelleistungen zu erreichen. Die Universalgenies vergangener Epochen sind mittlerweile verstorben und hätten alleine die Komplexität der Gegenwart sicherlich kaum bewältigen können.

Mit der Einführung von Teamarbeit sind Chancen und Herausforderungen verbunden.

■ Synergieeffekte

> Das Ganze ist mehr als die Summe seiner Teile.
>
> (Christian von Ehrenfels)

Eine Fußballmannschaft, die nur aus Verteidigern besteht, wird das eigene Tor sauber halten können – doch zum Sieg muss sie selbst Tore erzielen, braucht also Stürmer. Stürmer alleine schießen aber noch keine Tore – sie brauchen die Zuspiele aus dem Rückraum, die aus dem Mittelfeld und der Verteidigung kommen müssen. Das Team ist nur als ein Ganzes leistungsfähig und nicht einfach eine Ansammlung von 11 Leuten.

Die Summierung der Einzelleistungen ist nicht sinnvoll: Sinkt die Leistung eines Fußballteams, wenn der Torwart ausscheidet, um genau 9,09 Prozent? Oder gerät nicht vielmehr die gesamte Teamstruktur ins Wanken? Ist nicht das Erreichen des Zieles insgesamt gefährdet?

Teamarbeit erfordert die Integration menschlicher Kompetenzen auf den Ebenen von

- Fachkompetenz,
- Verhaltenskompetenz und
- Persönlichkeit.

Die Abbildung, die Sie auf der nächsten Seite sehen, soll Ihnen dies veranschaulichen:

Stärken und Schwächen von Teams

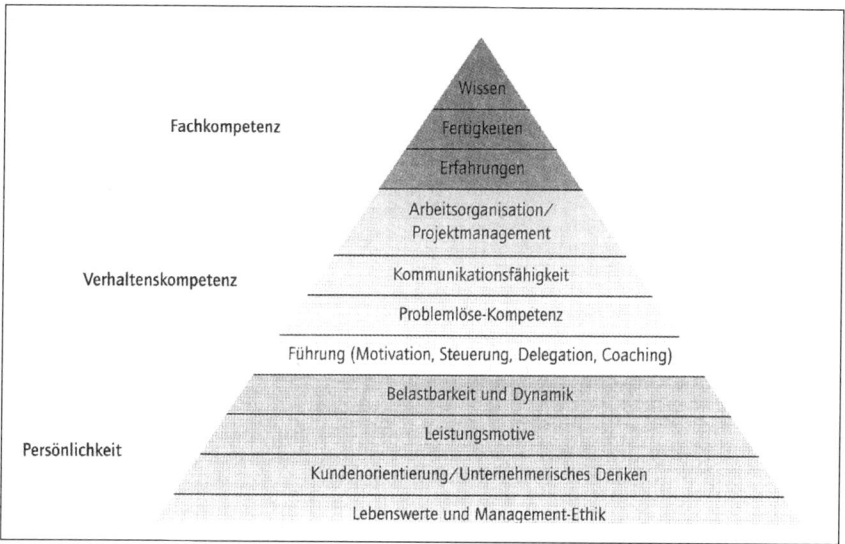

Abbildung: Synergie von verschiedenen Kompetenzen, Kenntnissen und Fähigkeiten

Während Unterschiedlichkeiten auf der Ebene der Fachkompetenz geradezu erwünscht sind, sollten die Voraussetzungen auf der Ebene der Persönlichkeit einander weitgehend ähneln, denn hier geht es um grundlegende Sichtweisen des menschlichen Umgangs innerhalb eines Teams.

■ Konfliktpotenzial

In der Heterogenität der Teamzusammensetzung liegt also das Potenzial für Spitzenleistungen. Doch wie nahezu überall, wo mehrere Menschen aufeinander treffen, gibt es früher oder später fast gesetzmäßig auch Konflikte. Diese spielen sich sowohl auf der Sach- als auch auf der Beziehungsebene ab. Oft ist das eine vom anderen nicht mehr zu unterscheiden, weil sich ein Beziehungskonflikt auf der Sachebene abbilden kann und umgekehrt.

Zu Konflikten auf der Sachebene kommt es z. B., weil

- die Teammitglieder nicht einig über die Zielsetzung sind,

- unterschiedliche Ziele verfolgt werden, die teilweise auch miteinander konkurrieren (bspw. der Kosten- und der Qualitätsaspekt),
- verschiedene Ansichten über Vorgehensweisen und Methoden existieren.

Konflikte auf der Beziehungsebene sind z. B. begründet in

- unklarer Rollenverteilung,
- einem „nicht eingespielten" Team bzw. einer noch nicht funktionierenden Interaktion zwischen Teamleiter und Team,
- ersten, erfolglosen Bemühungen um Beziehungen im Team, die nicht fruchten, sondern frustrieren.

Die vorhandenen Konfliktpotenziale sind ein Hindernis für die Teamarbeit. Das Kapitel „Grenzen der Teamarbeit" setzt sich näher damit auseinander, an welchen Stellen und warum Teams auch scheitern können. Doch Konflikte haben durchaus positives Potenzial, wenn es gelingt, sie im Sinne der Zielerreichung und der Beziehungsarbeit zu nutzen (siehe dazu auch das Kapitel „Toolbox für die Teamarbeit").

Für erfolgreiches Teamworking heißt das, die Synergiepotenziale zu erkennen und zu forcieren, die Konflikte zu spüren, angemessen zu bearbeiten – und zu nutzen.

Zusammenfassung

Die Stärken und Chancen von Teams liegen darin, dass sich verschiedenste Kompetenzen und Kenntnisse ergänzen lassen. Neue und komplexe Lösungen können schneller und besser erarbeitet werden als von Einzelkämpfern.

Wie überall, wo mehrere Menschen über längere Zeit hinweg miteinander zu tun haben, sind auch innerhalb von Teams Konflikte nicht auszuschließen. Das Ergebnis der Teamarbeit kann daher durch Ungereimtheiten, Reibungsverluste und auch persönliche Differenzen geschmälert werden.

Grenzen der Teamarbeit

Neben den Stärken des Teams gibt es Bedingungen und Schwächen, die die Teamleistung anderen Arbeitsformen gegenüber benachteiligt. In einigen Situationen sollte daher auf Teamarbeit verzichtet werden:

- Der Aufwand für die Planung, Koordinierung und Dokumentation eines Teams ist hoch (Zeitfaktor). Aufwand und Nutzen können in bestimmten Entscheidungssituationen in einem sehr ungünstigen Verhältnis stehen.
- Kompromissbereitschaft und Harmoniebedürfnis können den Erfolg schmälern, weil um des Friedens willen bestimmte Lösungen nicht ausdiskutiert und umgesetzt werden.
- Einzelne Mitglieder, die vor allem als „Eigenbrötler" einen guten Job machen, können sich evtl. mit der Arbeitsweise in Teams – gemeinsames Beraten und Entscheiden – nicht anfreunden. Solche Tüftler und Spezialisten werden unter Umständen durch Teamspielregeln „neutralisiert".
- Einige Mitarbeiter können sich durch Gruppennormen und dem Zwang, anderen Raum zu geben, in ihrer Persönlichkeit und Entfaltungsmöglichkeit eingeschränkt sehen. Kreatives Potenzial kann verloren gehen.
- Manche Verhaltensweisen von Menschen, wie z. B. Intoleranz und Sturheit, können das Team schnell an seine Grenzen führen, indem sich zunächst Frust, später Desinteresse verbreitet.

Entsprechend sollte bei der Überlegung, ob für eine bestimmte Aufgabe ein Team gebildet wird, Folgendes beachtet werden:

- Die Teammitglieder sollten wenigstens teilweise Erfahrungen mit der Arbeit in Teams gemacht haben.
- Die organisatorischen Voraussetzungen für eine Teamarbeit sollten gegeben sein.
- Erfordert der Teamauftrag als solcher tatsächlich eine Teambildung (s. Abschnitt „Teamziele")?
- Sind die infrage kommenden Mitarbeiter zu einer kooperativen Arbeitsweise bereit und fähig? Es gibt auch sehr gute „Einzelkämpfer".
- Geschieht der Einstieg in die neuen Strukturen freiwillig?

Was ist ein Team?

Grenzen der Teamarbeit sind ebenfalls erreicht, wenn die Unternehmenskultur die Übernahme von Verantwortung nicht zulässt bzw. erschwert. In einem Klima der Rechtfertigung und Absicherung werden kreative Lösungen, die oft einen gewissen Vertrauensvorschuss benötigen, nicht Fuß fassen können. In solchen Fällen muss das Top-Management erkennbare Signale setzen. Es muss die Verantwortung für neue Schritte und einen generellen Wandel der Unternehmenskultur übernehmen, um so genügend Veränderungsbereitschaft zu erzeugen.

Gerade in der Anfangsphase ist Teamarbeit, insbesondere in Projektteams, sehr anfällig. Zuwenig Unterstützung durch die Führungskräfte, zuwenig Ansporn und Anstoß durch den Teamleader können schnell zum „Versanden" und damit zur Frustration führen, die den Prozess zum Stagnieren bringt.

Vor allem folgende 12 Gründe[1] können die Teamarbeit zum Scheitern bringen:

1. Zu viel Distanz der Führung („Macht mal!")
2. Zu viel Passivität des mittleren Managements statt aktiver Unterstützung („Beweist mal, dass ihr es besser könnt!")
3. Ungeeignetes Führungsverhalten zerstört Vertrauen, Offenheit und Selbstverwirklichungswünsche der Mitarbeiter.
4. Verantwortung wird nicht konsequent genug delegiert und zugelassen.
5. Es werden zu schnell Erfolge erwartet, obwohl die Teamarbeit als mittel- bis langfristiger Prozess zu sehen ist.
6. Mangel an methodischem Vorgehen bzw. Unterstützung reduziert die Effizienz der Ergebnisse, zu viel Diskussionen, zu wenig detaillierte, sofort umsetzbare Ergebnisse.
7. Schlechte Moderationsumgebung und –mittel, unprofessionelle Workshop-Moderation, zu wenig Schulung und Betreuung.
8. Führungskräfte wollen selber moderieren, statt sich als Gruppenmitglieder einzubringen.
9. Strategische Ziele des Unternehmens sind nicht bekannt oder werden zu wenig als Orientierungsgrößen verwendet.

---

[1] nach Ueberschar: „Mit Teamarbeit zum Erfolg", 1997

10. Versuche mit Insellösungen und zu späte Integration aller Abteilungen und Bereiche.
11. Zu wenig Zeitaufwand für Teamarbeit, zu viel Freizeit der Mitarbeiter erforderlich.
12. Mangelnde Projektabwicklung, Zeitplanung und Koordination der Schnittstellenthemen.

ZUSAMMENFASSUNG: MERKMALE ERFOLGREICHER TEAMS

- Das Team zeichnet sich durch ein sehr gutes Arbeitsklima aus.
- Es existiert ein starkes Wir-Gefühl.
- Das Team oder einzelne Mitarbeiter sind zur Übernahme von Verantwortung bereit.
- Das Team sorgt selbstständig für Qualifikation und Weiterbildung seiner Mitarbeiter.
- Es existiert eine ziel- und mitarbeiterorientierte Führung.
- Die Teammitglieder zeigen ein sachlich und emotional offenes Verhalten.
- Alle Mitglieder zeigen hohes Engagement.
- Gegenseitige Unterstützung ist selbstverständlich.
- Sie zeichnen sich durch klare Zielsetzungen für Team und Mitarbeiter aus.
- Das Team ist fest und sinnerfüllt in die Gesamtorganisation eingebunden.
- Die Art und Weise der Zusammenarbeit ermöglicht in hohem Maße Partizipation.
- Das Team hat ein konstruktives Konfliktmanagement installiert.
- Es werden Methoden zur Zeit- und Projektplanung genutzt.
- Es wird eine allseitige Kommunikation und Interaktion gepflegt.

> *„Wer den Hafen nicht kennt, in den er segeln will,*
> *für den ist kein Wind ein günstiger."*
> *(Seneca, 4 v. Chr. – 65 n. Chr.)*

Mit Zielen zum Erfolg

Ohne Ziele kein echtes Teamworking! Nur wenn ein klar gekennzeichnetes Ziel existiert, können sich Menschen wirklich in Bewegung setzen. Wer das Ziel nicht kennt, wird den Weg nicht finden! Warum sollte man sein Commitment dafür geben, eine lange Wegstrecke zurückzulegen, wenn man nicht weiß, was einen am Ende erwartet?

> Wenn Du ein Schiff bauen willst, dann trommle nicht die Männer zusammen, um Holz zu beschaffen, die Aufgaben zu vergeben und die Arbeit einzuteilen, sondern lehre sie die Sehnsucht nach dem weiten, endlosen Meer.
>
> (Antoine de Saint-Exupéry, 1900-1944)

Teamziele

Nicht alle Aufgaben sind für eine Bearbeitung durch Teams geeignet. Echte Teamaufgaben sind solche, die

- nicht durch Einzelpersonen oder durch nur lose miteinander verbundene, schwer zu koordinierende Personen lösbar sind,
- für das Unternehmen eher neuartig sind,
- oft von einer innovativen oder kreativen Zielsetzung gekennzeichnet sind,
- fachlich schwierig oder nur fachübergreifend lösbar sind.

Schon mit der Formulierung des Teamauftrages wird der Grundstein für Erfolg oder Scheitern gelegt. Wird ein Team unterfordert, werden in aller Regel Frustration und Zynismus zu Tage treten, die dafür sorgen, dass sich das Ergebnis an die geringen Erwartungen anpasst. Die Teammitglieder sprechen möglicherweise von „Beschäftigungstherapie".

Wird ein Team überfordert, werden sich ebenfalls Frustration und Enttäuschung einstellen. Daher gilt es, bei der Formulierung des Teamauftrages einerseits visionär genug, andererseits auch realistisch genug zu sein.

■ Welche Ziele lassen sich definieren?

Teamziele lassen sich aus Unternehmenszielen ableiten. Dabei werden die Teamziele wesentlich konkreter formuliert als Unternehmensziele, die eher strategischer Natur sind. Teamziele sind besser quantifizierbar, konkreter und weniger langfristig angelegt als Unternehmensziele.

In jedem Falle ist es von hoher Relevanz für das Team, in der Lage zu sein, seinen Beitrag zum Ganzen klar definieren zu können. Das motiviert und schafft in Zweifelsfällen Klarheit.

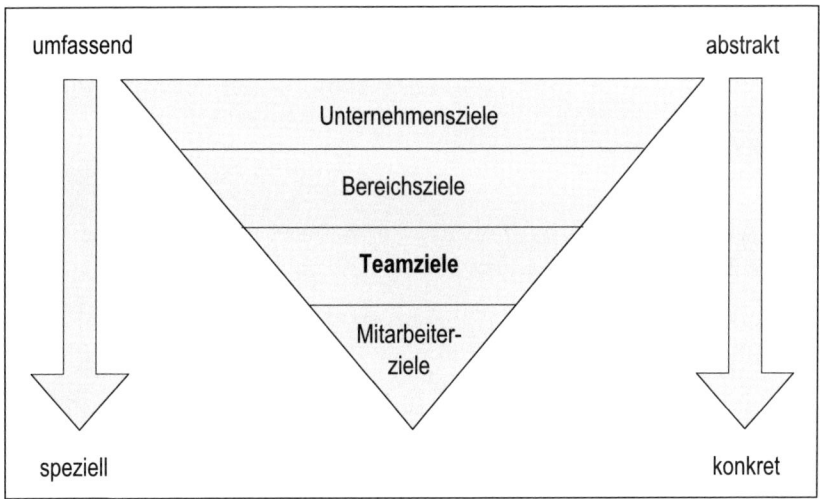

Abbildung: Ableitung von Teamzielen aus Unternehmenszielen

Folgende Teamziele lassen sich unterscheiden:

> ## ÜBERSICHT: TEAMZIELE
>
> **Beitragsziele**
> Sie leisten einen direkten Beitrag zu übergeordneten Zielen des Unternehmens oder zu einem Bereich. („Wir eröffnen eine Niederlassung in Frankreich und führen diese binnen drei Jahren in die schwarzen Zahlen.")
>
> **Aufgabenziele**
> Sie lassen sich direkt aus dem Teamauftrag ableiten. („Wir entwickeln bis Ende 2001 ein ganzheitliches Versicherungspaket für Existenzgründer.")
>
> **Quantitative Ziele**
> Sie sind Messgrößen der betriebswirtschaftlichen Bewertung wie Umsatz, Kosten, Qualitätskennziffern, Deckungsbeitrag etc. („Wir erhöhen den Deckungsbeitrag der Kfz-Sparte um 10 %.")
>
> **Qualitative Ziele**
> Dies sind Ziele, die auch quantifiziert werden müssen, aber nicht immer eindeutig messbar sind. (Konzeptentwicklung, Ziele der Personal- und Organisationsentwicklung – „Wir bieten jährlich 10 hochwertige Seminare für den Verkaufsaußendienst an.")

Teamziele sind oft an Schnittstellen gelagert, d. h. dort, wo sich unterschiedliche Unternehmensbereiche, wie beispielsweise Marketing, Produktion, Dienstleistung, Personal und Organisation, berühren. Dies kann schnell zu Konflikten führen: Während die einen versuchen, die Kosten zu minimieren, planen andere groß angelegte Marketing-Kampagnen zur Absatzsteigerung. Um zu verhindern, dass das Team in verschiedene Richtungen arbeitet, ist es daher notwendig, dass sich der Teamauftrag klar an den Unternehmenszielen orientiert. Zudem sollte von Beginn an eine detaillierte Aufstellung der einzelnen Teamziele erfolgen.

In Unternehmen werden Ziele in der Regel aus vier Feldern abgeleitet:

Markt und Absatz	**Soll und Haben**
Erschliessen von neuen Geschäftsfeldern, Marktbeobachtung, Unternehmenskommunikation u. Ä.	Ergebnis, Umsatz, Kosten, Deckungsbeitrag u. Ä.
Produktion/ Dienstleistung	**Personal und Organisation**
Mengensteigerung, Qualitätsverbesserung, Serviceoffensive, Produktentwicklung u. Ä.	Verbesserung der Ablauforganisation, Umstrukturierung der Aufbauorganisation, Personal- und Organisationsentwicklung u. Ä.

Abbildung: Unternehmensziele

Ordnen Sie Teamziele bewusst diesen vier Feldern zu. Aufgrund der Schnittstellencharakteristik von Teams korrespondieren viele Ziele nicht nur mit einem der vier Felder. Verdeutlichen Sie dies allen Teammitgliedern. Sie schärfen damit ihren Blick für „das große Ganze".

Auf dieser Grundlage lassen sich Entscheidungen klarer treffen, Prioritäten und Teilziele können so besser erkannt werden. Außerdem wirkt diese bewusste Einordnung der Teamziele in den Prozess der Unternehmensentwicklung sehr motivierend, sie kann dem Einzelnen ein gutes Stück Sinnvermittlung für das eigene Tun geben.

In der Praxis gibt es verschiedene Einsatzbereiche für Teams:

Mit Zielen zum Erfolg

BEISPIELE FÜR DEN EINSATZ VON TEAMS

- Projekte zur Erstellung von Qualitätsverbesserungsprogrammen (Qualitätszirkel, Installationen von KVP u. Ä.)
- Restrukturierungsprojekte zur Steigerung der Effizienz und zur Verbesserung der Aufbau- und Ablauforganisation
- Gestaltung eines kontinuierlichen Personalentwicklungsprozesses anhand der Unternehmensziele
- Entwicklung von Marketing- und Werbestrategien bei der Einführung einer neuen Produktlinie
- Einführung von Profit-Center-Strukturen und damit verbundene Veränderungen in Kosten-Leistungs-Rechnungen
- Gestaltung von Instrumenten zur Mitarbeiterführung und deren Implementierung
- Beurteilung der Marktchancen eines neuen Produktes mit Hilfe einer Marktstudie

■ Wie viele Ziele?

Auf diese Frage gibt es keine eindeutige Antwort: Hier ist der Einfluss der gegebenen Manpower und der Qualifikationen ebenso zu berücksichtigen wie die zur Verfügung stehende Zeit und die sonstige Einbindung der Teammitglieder in die Organisation.

Als Faustregel kann gelten: Eine Anzahl von fünf bis sieben Zielen/Teilzielen ist groß genug, um ein Team nicht zu überfordern, es andererseits aber genügend auszulasten. Das Oberziel eines Teams sollte möglichst in einem klaren Satz zum Ausdruck kommen. Diesem haben sich die entsprechenden Teilziele unterzuordnen.

Sie sollten folgende Richtlinien berücksichtigen, wenn Sie die Ziele für das Team erstellen:

- Die Ziele sind realistisch und fordernd zugleich zu bestimmen.
- Sie sollen einen deutlich zu erkennenden und sinnvollen Beitrag zu den Unternehmenszielen leisten können.
- Halten Sie die Ziele schriftlich fest.
- Tragen Sie Sorge dafür, dass es sich um messbare Ziele handelt.

ARBEITSBLATT

Welche Ihrer Unternehmensziele sind für die Arbeit Ihres Teams am bedeutsamsten?
Wie lautet Ihr exakter Teamauftrag?
Was sind die Unterziele Ihres Teams?

Organisatorische Voraussetzungen

Eine wichtige Voraussetzung für den Erfolg des Teams ist eine gelungene organisatorische Einbindung in das Gesamtunternehmen.

■ Transparenz

Das beste Team mit den fähigsten Köpfen wird keinen Beitrag zum Unternehmenserfolg leisten können, wenn der Auftrag des Teams nicht klar im gesamten Unternehmen kommuniziert und auch anerkannt wird.

Transparenz ist hier das höchste Gebot: Oft werden die „Neuheiten" versteckt im stillen Kämmerlein entwickelt, weil man damit aus mehr oder weniger nachvollziehbaren Gründen nicht gleich an die Öffentlichkeit gehen will.

Aber: Es gelingt selten, die Tätigkeit von mehreren Menschen zu verheimlichen. Will man dies tun, um z. B. Unruhe zu vermeiden, wird man genau das Gegenteil erreichen. Denn unvollständige Informationen beflügeln die Fantasie erst recht. Wo Nachrichten fehlen, wachsen die Gerüchte.

■ Welche Ressourcen dürfen genutzt werden?

Das Team wird Unterstützung und Zuarbeit aus anderen Bereichen benötigen. Erste Voraussetzung dafür ist zunächst wiederum Transparenz. Andere Abteilungen werden sich sonst fragen, wozu sie bestimmte Informationen, womöglich mühsam, zusammentragen sollen.

Hinzu kommt das weit verbreitete Bedürfnis nach Absicherung. „Auf welche Kostenstelle soll ich das jetzt buchen?" oder „Und sie dürfen das wirklich erfahren? Wer hat das denn gesagt?" sind die Fragen, die zuerst gestellt werden und nicht etwa: „Welchen Nutzen wird das Unternehmen daraus ziehen können?".

Notwendig ist also, dass es eine klare Regelung zu den Ressourcen, die zur Verfügung stehen, gibt. Nicht nur bereichsübergreifend, auch für die Mitarbeiter im Team ist es wichtig zu wissen, welche Budgetanteile, aber auch Räume, Technik etc. sie nutzen können. Im Zweifelsfalle sollte eine eigene Kostenstelle eingerichtet werden.

■ Kommunikation der Teamfunktion

Wesentlich für den Erfolg der Teamarbeit ist die überzeugende Positionierung – das „Verkaufen" – der Arbeit in der internen Öffentlichkeit.

Unklarheiten über personelle Zuständigkeiten können nur durch offene Kommunikation und gemeinsame Entscheidungen vermieden werden. Wird ungenügend informiert, verursacht dies entweder Mehrarbeit oder es kommt zu Verzögerungen im Betriebsablauf, weil sich niemand zuständig fühlt. Daneben wirkt es für alle Beteiligen frustrierend, wenn nicht sogar demotivierend. Innerhalb des Unternehmens muss hinreichend bekannt sein, welchen Auftrag das Team erfüllt, welchen Nutzen das Unternehmen darin sieht und wie benachbarte Bereiche des Teams sich darauf einzustellen haben.

Checkliste: Organisatorische Voraussetzungen

	Ja	Nein
Die Aufgabe des Teams ist in der Organisation hinreichend bekannt und anerkannt.		
Übergeordnete Instanzen stehen hinter den Zielen des Teams. Es gibt genügend Rückendeckung.		
Das Verhältnis zu anderen Bereichen ist offen und kooperativ.		
Aus anderen Bereichen erfolgt genügend Unterstützung und Zuarbeit für das Team.		
Es werden regelmäßig Berichte und Ergebnisse an die Gesamtorganisation geliefert.		
Der Weg zum Ziel ist Sache des Teams – es hat genügend Autonomie.		
Es gibt eine klare Abgrenzung zu anderen Bereichen und Teams, besonders zu denen mit ähnlichen/ benachbarten Aufgaben.		
Es herrscht Klarheit über die zur Verfügung stehenden Ressourcen und Vollmachten des Teams.		

*Behandle die Menschen nicht so wie sie sind,
sondern als wären sie bereits so, wie Du sie haben möchtest.
(Johann Wolfgang von Goethe, 1749-1832)*

Das Team zusammenstellen

- Wie ist die ideale Teamgröße zu bestimmen?
- Nach welchen Kriterien kann der Teamleader ausgesucht werden? Welchen Aufgaben und Anforderungen muss er gewachsen sein?
- Wie können die Mitarbeiter für ein Team ausgewählt werden?
- Welche komplementären Rollen gibt es im Team und welche müssen besetzt sein?

Die ideale Teamgröße

Zu wenig oder zu viel? – Oft kann die Frage nach der idealen Teamgröße gar nicht so genau beantwortet werden. Wenn ein Team sein Ziel nur eingeschränkt erreicht, liegt es dann in der mangelnden Arbeitskraft begründet oder sind es gar zu viele Köche, die den Brei verderben?

Folgendes Beispiel soll dies verdeutlichen:

Eine Mannschaft beim Tauziehen zeigt folgendes Phänomen: Bis zu einer Stärke von sieben Personen steigt die gemeinsame Zugkraft geradlinig an. Ab der achten Person nimmt die Kraft weniger stark zu. Ab der elften Person nimmt die Kraft sogar wieder ab: Hier fressen die zunehmenden Reibungsverluste durch unkoordiniertes „Zerren" den Zugewinn an Kraft.

Das Beispiel zeigt, wie wichtig die richtige Teamgröße ist. Erfahrungsgemäß erreicht eine Gruppe von sieben bis acht Personen ihre kritische Größe. Nur bei sehr stringent festgelegten Rollen - z. B. in einer Fußballmannschaft - sind auch mehr Personen noch steuerbar. Allerdings ist es bei erfahrenen Management-Trainern unüblich, mehr als zwölf Teilnehmer in einer Trainingsgruppe zuzulassen, damit der Lernerfolg und die Führbarkeit der Grupppe gesichert bleibt.

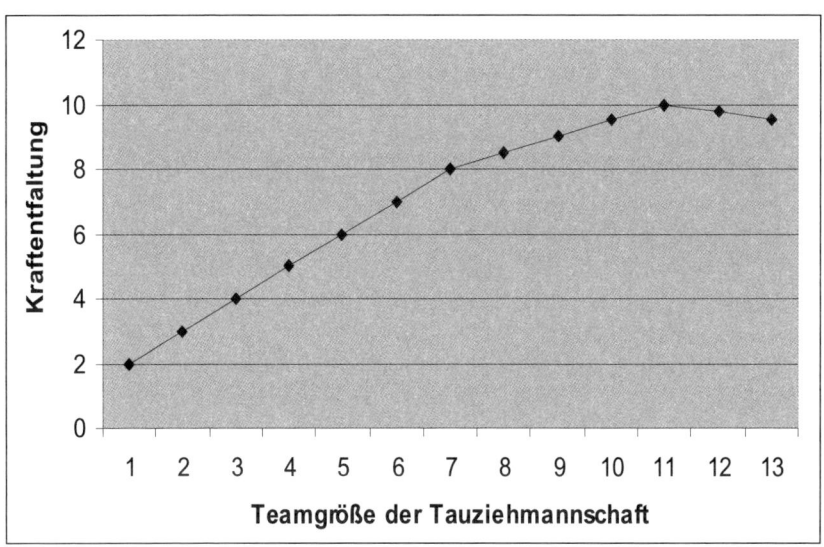

Abbildung: Leistungszuwachs durch Teamgröße beim Tauziehen

Was passiert in zu großen Gruppen? Die Menschen fühlen sich nicht mehr wohl. Sie können die Situation nicht mehr vollständig überblicken und verstehen und reagieren darauf mit einer logischen Konsequenz – sie finden sich in Kleingrüppchen von zwei bis maximal fünf Personen neu zusammen. Diese sind überschaubar. Jeder Einzelne ist schneller als Mensch zu erkennen. Das vermittelt die in der Ausgangssituation vermisste Vertrautheit und Sicherheit. Solche neu entstandenen Strukturen werden in ihrer Bindung schnell fester und verbindlicher als die der eigentlichen Ursprungsgruppe. Der Grundstein des destruktiven „Wir" und „Ihr" innerhalb einer Gruppe ist gelegt. Plötzlich sind es „Die da hinten", die nicht richtig ziehen, und „Die da vorn", die nicht sagen, wann es losgeht, um noch einmal das Bild des Tauziehens zu benutzen.

Machen Sie die Teamgröße in allererster Linie vom Umfang des Teamauftrages abhängig. Es macht wenig Sinn, all diejenigen ins Team zu holen, die gerne „mitmachen" möchten. Es ist dem Erfolg der Arbeit nicht zuträglich, die Gruppe aus Höflichkeit zu vergrößern.

> **Checkliste: Anhaltspunkte für die richtige Teamgröße**
> - Das Team kann sich ohne großen Aufwand spontan versammeln oder miteinander kommunizieren.
> - Allen ist die Verteilung von Rollen und Aufgaben im Team bekannt.
> - Jeder kann sich aktiv beteiligen – es fällt auf, wenn jemand nur „konsumiert".
> - Jeder hat die Chance, das Wort zu bekommen.
> - Es ist eine konstruktive Dynamik im Team – die Zeit in den Besprechungen wird von allen nicht nur abgesessen.
> - Das Team als solches ist eher wahrnehmbar als darin eingelagerte Zweier- und Dreiergrüppchen.
> - Es gibt echte Teambesprechungen, in denen alle aktiv mitwirken – nicht nur zwei oder drei.

Auswahl des Teamleaders

> Die besten Navigatoren sind die, deren Wirken nicht bemerkt wird.
> Es sind die Zweitbesten, die gelobt werden.
> Die Drittbesten werden gefürchtet.
> Wenn die besten Navigatoren etwas vollendet haben, sagen alle:
> „Wir haben es geschafft!"
>
> (Nach Lao Tse, 6.Jh. v. Chr.)

Bei der Auswahl des Teamleaders stellen sich zunächst die folgenden drei Fragen:

- Welchen Aufgaben muss ein Teamleader gewachsen sein?
- Welche Eigenschaften und Fähigkeiten benötigt er dazu?
- Wie kann er bestimmt werden?

Die Ambivalenz des Teamleaders: Mitglied und Chef zugleich

Die Besonderheit an der Rolle des Teamleaders besteht darin, dass er zwei - scheinbar - sehr unterschiedliche Rollen erfüllen muss:

Zum einen trägt er nach außen den Großteil der Verantwortung für das Ergebnis, das das Team erbringt. Oft sogar in einer etwas undankbaren Art und Weise: Für Erfolge wird das Team als solches, für Misserfolge sein Kopf verantwortlich gemacht. Die Führungsaufgabe besteht nach außen primär darin, das Team zum Erfolg zu führen. „Lösungsorientierung" oder „Zielorientierung" werden in Eigenschaftslisten, in denen eine gute Führungskraft beschrieben wird, immer weit oben genannt. In dieser Rolle ist der Teamleader unbestritten „Chef".

Andererseits ist in diese Funktion ein hohes Maß an Verantwortung für die Teammitglieder eingebunden. Der Teamleader ist die Person, die neben den oben genannten Kriterien in höchstem Maße für das persönliche Wohlbefinden, das Arbeitsklima und den Umgang miteinander Sorge zu tragen hat. In dieser Rolle ist er viel mehr Mitglied des Teams als dessen Chef.

Daraus kann für den Teamleader ein Dilemma entstehen: Vernachlässigt er die Wünsche und Bedürfnisse der Teammitglieder, werden sie unzufrieden, und das kann sich negativ auf das Ergebnis der Teamarbeit auswirken. Ein Zuwenig an Zielorientierung wirkt sich ebenso ungünstig auf den Erfolg aus – und führt wiederum zu Unzufriedenheit der Mitglieder.

Wie kann der Teamleader diesem Dilemma entkommen? Die Lösung kann nur in der Kombination der individuellen Bedürfnisse und Ziele der Teammitglieder mit denen des gesamten Teams liegen. Ist dies gegeben, kann die notwendige, immer noch sensible Balance zwischen Personen- und Zielorientierung gelingen. Je nachdem, wie es jedem Teamleader gelingt, diese Bedürfnisse auszugleichen, werden fünf Typen unterschieden:

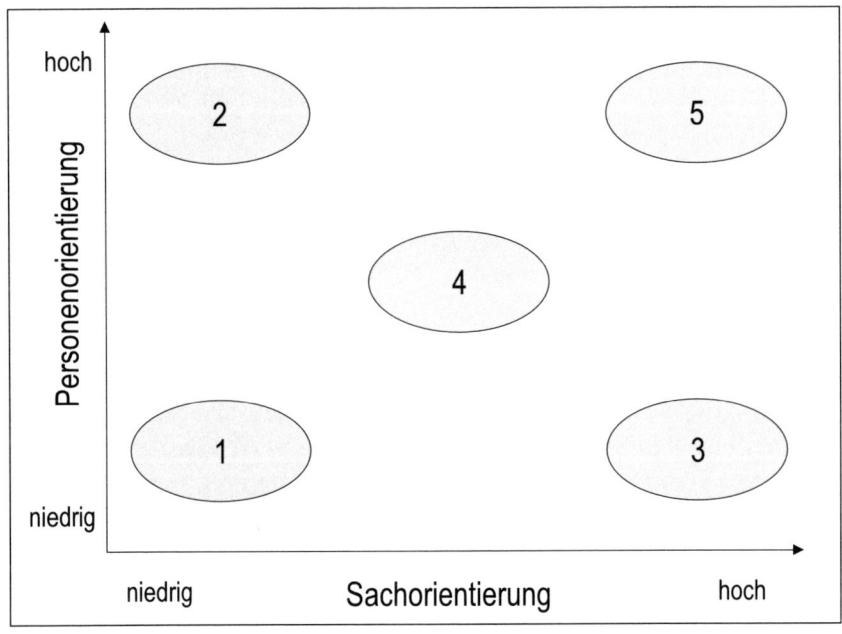

Abbildung: Die fünf Typen des Teamleaders

Typ 1 Abtaucher
„Ich sage, was zu tun ist, aber zwingen kann ich keinen."
Sowohl die Personen- als auch die Sachorientierung ist deutlich zu schwach ausgeprägt. Der Entwicklungsbedarf beim Teamführer ist in diesem Falle hoch.

Typ 2 Therapeut
„Es soll sich doch jeder bei uns wohlfühlen."
Sehr hohe Personenorientierung bei gleichzeitig schwacher Sachorientierung zeugt von hoher Empfindsamkeit und großem Einfühlungsvermögen. Die sozialen Kompetenzen sind stark ausgeprägt. Zu befürchten ist Nachlässigkeit gegenüber den Teamzielen. Das wird die

„Macher" im Team schnell frustrieren, und lässt sie - zu Recht - in Aufruhr geraten. Es entsteht ein „Psychoclub", in dem sich zunächst alle sehr wohl fühlen, der aber nur wenig Ergebnisse bringen dürfte. Personen vom Typ 2 sind unter Umständen für eine Teamleitung entwickelbar – jedoch nicht sofort. Sinnvoller wäre es, auf der Position eines stellvertretenden Teamleiters zu beginnen und auch dies nur bei hoher fachlicher Qualifikation für die Teamaufgaben. Zunächst brauchen diese Menschen die Erfahrung erfolgreicher Teamarbeit, um von einem erfolgreichen Teamleader lernen zu können. Es kann eine Unterstützung sein, ihnen Kompetenzen des Projektmanagements zu vermitteln. Insgesamt sollte sehr genau betrachtet werden, ob die geringe Sachorientierung eher auf behebbaren methodischen Schwächen beruht oder in der Person begründet liegen.

Typ 3 Einpeitscher
„Bei mir zählt Leistung!"
Eine hohe Zielorientierung bei geringer Personenorientierung zeichnet „die harten Hunde" aus. Sie werden vor und nach jedem Schritt das Ergebnis betrachten. Ihr geringes Einfühlungsvermögen wird die Teammitglieder jedoch schnell und oft vor den Kopf stoßen. Der Beginn der Arbeit wird sehr pragmatisch und zügig erfolgen, was die Teammitglieder honorieren werden. Mittelfristig kann sich die Stimmung im Team negativ entwickeln, wenn fremde Ideen, individuelle Zielsetzungen und Vorstellungen zur Arbeitsweise permanent übergangen werden. Der Einsatz solcher Teamleiter ist nur in „Feuerwehren" angebracht, die in Krisenzeiten eingesetzt werden. In langfristigen Teams und Projekten, in denen kreative und innovative Lösungen gefragt sind, sind sie fehl am Platz.

Typ 4 Manager
„Wir haben die Dinge im Griff."
„Der Kompromiss". Diese Menschen suchen bewusst nach einer Balance zwischen Ziel- und Personenorientierung. Die ideale Mischung haben sie dabei noch nicht gefunden – jedoch haben sie eine Idee davon, wie moderne Führungsarbeit es schaffen kann, individuelle Interessen und Teamergebnisse miteinander zu vereinbaren. Sie können sich mit entsprechender Unterstützung zu guten Teamleadern

qualifizieren. Hilfreich sind Führungstrainings und Seminare zu Methoden des Projektmanagements oder ein Coaching bzw. „training on the job". Es bestehen beste Entwicklungsvoraussetzungen hin zu:

TYP 5 LEADER
„Wir sind Spitze!"
„Der Idealfall." Hier handelt es sich um mehr als eine Balance zwischen individuellen Zielen und Bedürfnissen einerseits und den Teamergebnissen andererseits. Durch eine ausgewogene Teamzusammensetzung und einen hoch qualifizierten Teamleader können sich Synergiepotenziale tatsächlich entfalten. Die Teammitglieder fühlen sich wohl, weil sie erfolgreich sind, und sind erfolgreich, weil sie zufrieden sind. Der Teamleiter zeichnet sich durch eine Reihe von Eigenschaften aus, die jede für sich plausibel und wünschenswert sind, erst in ihrer Kombination jedoch die ganze Führungspersönlichkeit ausmachen.

Wie sehen die Eigenschaften konkret aus, die einen Top-Teamleiter auszeichnen und ihn zu einer guten Führungsarbeit befähigen?

■ Anforderungen an den Teamleader

Der wesentliche Erfolgsfaktor für das Wirken eines Teamleaders ist also, die richtige Balance zwischen Sachorientierung einerseits und Personenorientierung andererseits herzustellen. Dazu braucht er eine Reihe von Eigenschaften.

WAS BRAUCHT EIN LEADER?
Erfolgreiche Projektleiter zeichnen sich in der Regel nicht durch ihre hohen fachlichen Qualifikationen, sondern durch ihre Kompetenzen zur Projektsteuerung, ihr Organisationstalent und ihre Fähigkeiten zur Führung von Mitarbeitern aus.

Gelingt es, einen guten Teamleader zu finden, der in allen anfallenden fachlichen Belangen überzeugen kann, ist dies natürlich sehr erfreulich. Aber die fachliche Kompetenz ist für die Aufgaben, die ein Teamleiter zu erfüllen hat, eigentlich nur das Sahnehäubchen. Von viel größerer Bedeutung sind die Fähigkeiten und Kenntnisse, die es ihm ermöglichen, mit anderen Menschen gemeinsam zu arbeiten, die Kommunikation untereinander zu fördern und zu steuern und die Ergebnisse stets in Bezug zu den Zielen und Aufgaben zu setzen.

Die folgende Abbildung gibt Ihnen einen Überblick über die Eigenschaften, die einen guten Teamleader auszeichnen:

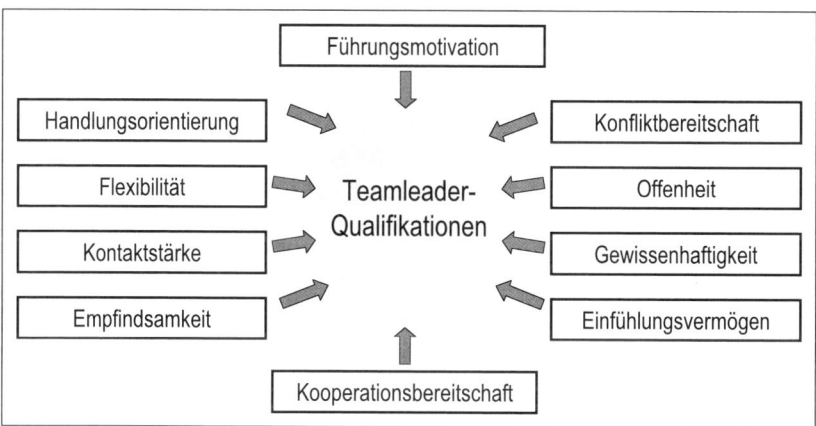

Abbildung: Anforderungen an den Teamleader

FÜHRUNGSMOTIVATION
Diese Eigenschaft ist Voraussetzung dafür, eine Gruppe zu führen. Damit einher geht der Wille, von den anderen positiv wahrgenommen zu werden, weil man Verantwortung übernommen hat. In Gesprächen wird schnell die Führung übernommen, das Sprechen vor anderen bereitet Freude.

Ist die Führungsmotivation zu gering ausgeprägt, kann es in vielen sozialen und besonders in konflikthaltigen Situationen zu zurückhaltenden Reaktionen kommen. Dies ist mit der Rolle der Teamleitung nicht zu vereinbaren.

Eine zu starke Ausprägung der Führungsmotivation wird sich in dominantem Führungsverhalten äußern. Auch dies ist für eine konstruktive Teamarbeit nicht förderlich, da Entscheidungen im

Zweifelsfalle nicht zu Gunsten des Ergebnisses, sondern zur Festigung der Führungsposition getroffen werden.

HANDLUNGSORIENTIERUNG

Besonders handlungsorientierte Menschen mögen keine ausführlichen Analysen, keine bürokratischen Lösungen und Routinearbeiten. Lieber fangen sie an, irgend etwas zu machen, als zu warten. Positiv für die Teamarbeit ist die Fähigkeit, vorwärts zu denken und sich schnell von Misserfolgen zu lösen, um etwas anderes zu versuchen.

Eine zu geringe Handlungsorientierung des Teamleaders führt zu langwierigen Entscheidungsprozessen und ewigen Besprechungen, in denen sich die Informationen nicht vermehren, sondern stets aufs Neue abgewogen werden.

Ist die Handlungsorientierung zu stark ausgeprägt, kann das Ergebnis des Teams beeinträchtigt werden. Es wird oft zu schnell gestartet, wertvolle Informationen werden übergangen oder falsch bewertet. Hinzu kommt, dass Menschen mit zu großer Handlungsorientierung oft ungeduldig und deshalb schnell ungehalten und reizbar sind.

FLEXIBILITÄT

Erfolgreiche Teamleader schätzen ihre Arbeit um so mehr, je abwechslungsreicher sie ist. Ein geordnetes Vorgehen und eine absehbare Planerfüllung ist nicht das Ziel – vielmehr ist die Spannung und die Herausforderung ein Hauptmotivator. Ihre Stärke in der Team- und Projektarbeit liegt darin, sich schnell von Misserfolgen lösen und auf neue Situationen einstellen zu können. Sie sind bereit, bisheriges Vorgehen zu hinterfragen.

Sind Teamleiter zu unflexibel, wird sich dies einschränkend auf die Möglichkeiten der Problemlösung auswirken. Denn ein „Ich weiß nicht, ob das geht..." oder ein „...aber sonst ist das doch auch nicht..." sind Killerphrasen für den Ideenfluss und die Innovationsbereitschaft.

Wird die Flexibilität und der Wunsch nach Veränderung zu sehr betont, kann dies ein Zeichen dafür sein, dass die genauso notwendige gewissenhafte und sorgfältige Zielverfolgung in den Hintergrund tritt –

halbfertige Lösungen werden zu schnell als Revolution gefeiert, bevor überhaupt die Umsetzbarkeit im Feinschliff abgesichert ist.

KONTAKTSTÄRKE

Bei der Arbeit und in der Freizeit werden Tätigkeiten bevorzugt, bei denen der Kontakt mit anderen Menschen gepflegt werden kann. Ebenso werden private und geschäftliche Gesellschaft gern miteinander verbunden. Auf andere Menschen zuzugehen fällt leicht, es entsteht schnell Kontakt und eine hohe Kommunikationsdichte. Für die Teamarbeit ist der durch diese Teamleiter initiierte zwischenmenschliche Austausch ein grundlegender Motivator – unabhängig von der eigentlichen Arbeit wird ein kontaktreiches Klima als sehr angenehm wahrgenommen.

Bei zu schwacher Kontaktfähigkeit fehlt es an dieser zwischenmenschlichen Wärme. Dies führt schnell zu einem Bild von einem verschlossenen, schweigsamen Teamleiter, der keinen Draht zu seinen Mitarbeitern hat, und wird als deutliche Störung des Bedürfnisses nach Kommunikation und Austausch wahrgenommen.

EMPFINDSAMKEIT

Wird hinter dem Rücken über Menschen mit ausgeprägter Empfindsamkeit gesprochen, reagieren sie sehr sensibel. Sie können sich nur schwer über Misserfolge hinweg trösten, und beziehen diese stark auf die eigene Person. Sie sind emotional sehr leicht störbar und aus dem Gleichgewicht zu bringen. Oft wird aus einer Mücke ein Elefant gemacht.

Eine hohe Empfindsamkeit wird häufig mit einem hohen Einfühlungsvermögen gleichgesetzt, ist aber etwas anderes. Die Empfindsamkeit bezieht sich auf die eigene Störbarkeit und Labilität, während das Einfühlungsvermögen als die Sensibilität der Wahrnehmung verstanden wird, die auf das Befinden anderer Personen gerichtet ist.

Für die Teamarbeit ist es sehr hinderlich, wenn sich der Teamleader schnell angegriffen fühlt. Zu rasch werden Sachdiskussionen zur konstruktiven Lösungssuche als persönliche Konflikte aufgefasst – es fehlt „das dicke Fell", das in den heißen Phasen mitunter benötigt wird.

KOOPERATIONSBEREITSCHAFT

Sie ist eine wesentliche Grundvoraussetzung. Denn nur wer tatsächlich davon überzeugt ist, dass sich in der Gruppe viele Probleme effizienter lösen lassen können, sollte sich überhaupt in die Teamarbeit und deren Leitung begeben. Mit einer hohen Kooperationsbereitschaft ist eine ausgeprägte Affinität zur sachlichen Diskussion um verschiedene Lösungsansätze verbunden. Probleme werden nicht impulsiv, sondern in der Gruppe gemeinsam gelöst – ein Vorgehen, das für die grundsätzliche Arbeitskultur in Teams sehr förderlich ist.

Das sehr starke Kooperationsbedürfnis kann sich, wenn es übertrieben wird, durchaus hemmend auswirken. So kann es vorkommen, dass wirklich sehr gute Lösungen an Qualität verlieren, nur weil die Kompromissbereitschaft im Team in den Vordergrund gestellt wird. Zudem ist es nicht förderlich, wenn „gemeinsam Bleistifte gespitzt" werden. Hier ist ein gesundes Gleichgewicht aus Kooperationsbereitschaft einerseits und Handlungsorientierung und Entscheidungsfreude, die aus der Führungsmotivation gespeist wird, gefragt.

KONFLIKTBEREITSCHAFT

Konfliktbereite Menschen gehen einer Auseinandersetzung nicht aus dem Weg. Sie sind bereit in Kauf zu nehmen, dass andere Menschen durch Entscheidungen in ihrer eigenen Entscheidungsfreiheit beeinträchtigt werden oder auch in Verlegenheit geraten.

Es wirkt sich positiv auf das Team aus, dass Auseinandersetzungen auf der Sachebene sofort angegangen werden. Entscheidungen werden zügig gefällt und nicht auf die lange Bank geschoben. Spannungen und Konflikte, die sich an anderer Stelle durch langes Zögern und Unentschlossenheit ergeben, können durch eine gesunde Konfliktbereitschaft sogar vermieden werden.

Andererseits ist eine zu stark ausgeprägte Konfliktbereitschaft mit Dominanz gepaart. Fremde Bedürfnisse und Beziehungen werden unter Umständen als nicht so wichtig wahrgenommen und behandelt. Eigene Interessen, auch im Detail, werden möglicherweise mit Macht durchgesetzt, was dem Ergebnis der Teamarbeit sehr im Wege steht.

OFFENHEIT

Alle Informationen werden offen und transparent gehandhabt und nicht aus politischen Zwecken zurückgehalten. So wissen alle Teammitglieder immer schnell, woran sie sind. Die Teamarbeit wird von einem offenen Teamleader profitieren. Denn wer sich selbst offen zeigt, ist in der Regel ebenso offen für andere Bedürfnisse. So kann sich ein sehr transparentes und ehrliches Arbeitsklima etablieren.

Eine selektive Informationsweitergabe wirkt sehr schnell intrigant und ist für das Klima des Teams gefährlich. Aber auch im zu offenen Verhalten liegen Gefahren: Sensible Informationen könnten zu schnell zu breit gestreut werden und für Unruhe sorgen. Zudem sind sehr offene Menschen auch schneller angreifbar, da sie sich stark preisgeben, ohne gleiches von anderen zu erfahren.

GEWISSENHAFTIGKEIT

Aufgaben und Vereinbarungen, auch komplexere Vorhaben, werden mit großer Sorgfalt dauerhaft verfolgt und mitunter sehr detailliert geplant. Einmal begonnene Tätigkeiten werden ungern beendet, weil bereits lange vor der eigentlichen Ausführung einiges an gedanklicher Vorarbeit investiert wurde. Die Zuverlässigkeit, die solchen Menschen zu eigen ist, wird im Team Vorbildfunktion haben. Die Verbindlichkeit von Zusagen und Absprachen ist wichtiges Merkmal einer erfolgreichen Teamkultur.

Andererseits kann die Überzeichnung der Gewissenhaftigkeit hemmend sein – ein Schritt kann unter Umständen nie vollständig abgeschlossen werden, weil bei der Suche nach der Perfektion der Gesamtfortschritt des Teamauftrages aus den Augen verloren wird.

EINFÜHLUNGSVERMÖGEN

Es fällt leicht, sich in die Gedanken anderer Menschen hinein zu versetzen. Unbehagen, aber auch Zufriedenheit wird schnell wahrgenommen. Menschen mit hohem Einfühlungsvermögen überlegen sich bereits im Vorfeld, welche Auswirkung das eigene Tun auf andere haben kann, da sie versuchen, das Empfinden anderer vorwegzunehmen.

Diese Fähigkeit versetzt Teamleader in die Lage, rasch zu erkennen, wie sich das Klima im Team entwickelt. Sie können sich auf diese Weise recht zügig eine Rückmeldung über das eigene Wirken einholen – und dementsprechend reagieren. Zudem vermitteln sie ihren Mitarbeitern das Gefühl, tatsächlich in ihren Bedürfnissen wahrgenommen zu werden. Sie können somit einen wichtigen Beitrag zum inneren Zusammenhalt des Teams leisten.

Die oben beschriebenen zehn Führungskompetenzen sind der Ausgangspunkt für ein allgemeines Anforderungsprofil bezüglich der Teamleaderfunktion. Daraus kann dann ein positionsspezifisches Profil geformt werden. Neben der an die konkrete Situation angepassten unterschiedlichen Gewichtung einzelner Dimensionen muss das positionsspezifische Profil noch um die fachlichen Anforderungen ergänzt werden.

▩ Was muss ein Teamleader leisten?

Ein Team wird geprägt von den unterschiedlichen Aktivitäten der einzelnen Mitglieder. Diese Aktivitäten können konstruktiv oder destruktiv sein. Daraus ergibt sich die grundsätzliche Aufgabe für den Teamleader, dies zu erkennen und entsprechende Maßnahmen zu ergreifen. Dabei lassen sich folgende Grunddynamiken in Teams unterscheiden:

ZIELORIENTIERTE AKTIONEN

Dies sind alle Aktivitäten, die dazu dienen, die gestellten Aufgaben zu lösen und das Ziel zu erreichen. Da sind zum Beispiel die klare Zielbeschreibung, die Bestimmung von Rahmenbedingungen, die Aufgabenverteilung, die Einigung auf Vorgehensweisen und alle anderen methodischen und fachlichen Leistungen. Diese Aktionen sind durch den Teamleader zu forcieren. Daneben sind dies die Aktionen der Mitarbeiter, die zielführend sind, also alle Tätigkeiten, die konstruktiv und lösungsorientiert auf die Aufgabenerfüllung ausgerichtet sind.

TEAMFÖRDERNDE AKTIONEN

Es handelt sich hier um alle Aktivitäten und Beiträge, die dazu dienen, dass das Team als solches leistungsfähig wird und bleibt – also alle

Bemühungen, die aus einer Menge von Menschen ein echtes Team formen und zwischen ihnen ein „Wir-Gefühl" und Zusammenhalt entstehen lassen.

TEAMSTÖRENDE AKTIONEN

Besonders in den ersten beiden Teamphasen „Forming" und „Storming" (s. Kapitel „Teamentwicklung") verhalten sich nicht alle Teammitglieder konstruktiv. Die Arbeit wird durch Aggressivität, zynische und nicht immer ernst gemeinte Bemerkungen gestört. Unkollegiales Verhalten kann auftreten.

Eine Hauptaufgabe des Teamleaders besteht darin, zunächst zu erkennen, welche der Teamfunktionen von wem aktuell wahrgenommen werden. Gestützt auf diese Wahrnehmung hat der Teamleader dann die Aufgabe, eine situationsgerechte Verteilung der Aktivitäten zur Zielorientierung und zur Teamförderung zu realisieren. Gleichzeitig sollte er die teamstörenden Aktionen erkennen und diesen entgegensteuern.

Zielfördernde Aktionen	Ein Teammitglied eignet sich spezielle Kenntnisse an, die sonst niemand im Team hat. Mit dem neu erworbenen Wissen kann eine Kompetenzlücke im Team geschlossen werden, die Aufgabe kann weiter bearbeitet werden.
Teamfördernde Aktionen	Eine Meinungsverschiedenheit wird vom Teamleader durch den Einsatz von Konfliktlösetechniken zu einem positiven Ende geführt. Dies erfüllt erfolgreich den Anspruch einer konstruktiven Streitkultur.
Teamstörende Aktionen	Eine Teambesprechung wird von einem Mitarbeiter immer wieder mit Äußerungen unterbrochen, dass man „all das schon ausprobiert habe" und es keinen Sinn mache, „noch etwas Neues zu versuchen".

Das Team zusammenstellen

Überlegen Sie, welche typischen Teamaktionen Ihnen begegnet sind. Beschreiben Sie diese und begründen Sie, warum Sie diese der jeweiligen Kategorie zugeordnet haben. Die klare Wahrnehmung der Ausrichtung bestimmter Aktionen ist von Bedeutung, um in den verschiedenen Teamentwicklungsphasen entsprechend reagieren zu können.

Zielfördernde Aktionen	»
Teamfördernde Aktionen	»
Teamstörende Aktionen	»

Aber es gibt noch eine Reihe weiterer Aufgaben, die ein Teamleader zu erfüllen hat. Diese Kernaufgaben des Teamleiters sind nicht im fachlichen, sondern im kommunizierenden und koordinierenden Bereich angesiedelt. Er muss

- mit dem Team Ziele vereinbaren,
- die Teamarbeit organisieren,
- die Teammitglieder beraten,
- Entscheidungen fällen,
- das Team repräsentieren,
- Mitarbeiter führen und entwickeln,
- Konflikte moderieren.

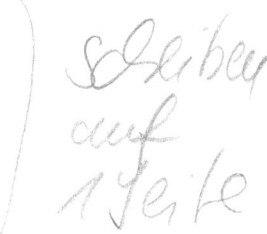

MIT DEM TEAM ZIELE VEREINBAREN

Ziele zu setzen bezieht sich nicht allein auf das Team als Ganzes. Sollen die „großen" Ziele ihre Wirkung entfalten, dann müssen sie für jeden Einzelnen übersetzt werden. Über die Vereinbarung von individuellen Zielen wird der einzelne Mitarbeiter erreicht, über die großen Ziele vor allem das Team als Gruppe. Der Teamleader hat die Aufgabe, auf beiden Ebenen dafür zu sorgen, dass Ziele überhaupt existieren und transparent sind.

DIE TEAMARBEIT ORGANISIEREN

Wichtigste Aufgabe des Teamleaders ist die Steuerung der Teamarbeit. Er ist mit der Verknüpfung der einzelnen Arbeitsanteile untereinander beschäftigt und er muss das Teamergebnis in den Unternehmensablauf einfügen.

DIE TEAMMITGLIEDER BERATEN

Der Teamleader hat im Team Beratungsfunktion für die Teammitglieder. Diese kann sich beziehen auf:

- Sachfragen,
- Verfahrensfragen,
- Beziehungsprobleme.

Für jedes dieser drei Felder braucht der Teamleader unterschiedliche Kompetenzen, um seiner Beratungsfunktion gerecht zu werden.

Für die Beratung auf fachlichem Gebiet sollte der Teamleader so viel fachliche Kompetenz haben, dass er von den Teammitgliedern akzeptiert werden kann. Er braucht nicht über die spezifischen Kompetenzen jedes Einzelnen der Teammitglieder zu verfügen. Es ist vielmehr entscheidend, dass der Leiter mithilfe eines Querschnittswissens und dem Wissen zur Beschaffung von fehlenden Daten und Ressourcen Zusammenhänge aufzeigen und herstellen kann.

Verfahrensfragen beziehen sich darauf, wie die nächsten Schritte unternommen werden können. Hier sind Kompetenzen zu Arbeitsmethodik und Projektmanagement gefragt. Daneben gilt es, mit dem Mitarbeiter einen „moderierten Dialog" durchzuführen, in dem die verschiedenen Alternativen zunächst aufgeführt und dann beleuchtet und bewertet werden. Abschließend kann der Mitarbeiter, gegebenenfalls mit dem Leader gemeinsam, die Entscheidung zum weiteren Vorgehen treffen.

Muss der Teamleader zu Beziehungsproblemen und Konflikten eine Beratung leisten, so sind am meisten seine sozialen und kommunikativen Kompetenzen gefragt, um die Gefühlslage und die Sichtweise des Mitarbeiters zu erkunden. Hier ist das Feingefühl wichtig zu erkennen, ob etwas unter vier bzw. sechs Augen geklärt werden soll oder ob ein Konflikt dem gesamten Team „gehört".

Zusätzlich muss der Teamleader die Funktion eines Coaches für seine Mitarbeiter erfüllen. Neben den typischen Führungsaufgaben spielt der Aspekt der Entwicklung der eigenen Mitarbeiter eine große Rolle (siehe hierzu den Abschnitt „Teamcoaching").

ENTSCHEIDUNGEN FÄLLEN

Die Position des Teamleaders umfasst die Verantwortung für Entscheidungen – unabhängig davon, ob sie vom ganzen Team oder vom Chef allein gefällt wurden. Oftmals sind Entscheidungen nötig, die nicht vom Team getroffen werden können oder müssen. Es existiert der Mythos, dass eine Führungskraft schnell viele Entscheidungen trifft. Weder die Menge der Entscheidungen noch die Geschwindigkeit, in der sie getroffen werden, sagen etwas über die Führungsqualität aus.

Wichtig ist vielmehr, *wie* und *welche* Entscheidungen getroffen werden. So können z. B. nach gründlicher Überlegung bestimmte Entscheidungen in Zukunft an Mitarbeiter delegiert werden.

Grundlage für „gute" Entscheidungen sind drei Fähigkeiten:

- Kenntnisse über die Sache, über die entschieden wird. Der Teamleader muss diese Kenntnisse nicht alle besitzen, sondern er muss sie schnell im Team abfordern können, um sie zu integrieren.
- Urteilskraft: Voraussetzung für diese Eigenschaft ist, auftretende Probleme auf der Basis der Teamziele genau zu analysieren.
- Erfahrung: Diese ist nicht „zu beschaffen" und nur schwer zu ersetzen. Sie wird erworben.

DAS TEAM REPRÄSENTIEREN

Nach außen übernimmt der Teamleader die Verantwortung für das Teamergebnis. Gleichzeitig ist es seine Aufgabe, sich als Sprecher und Lobbyist für die Belange des Teams im Unternehmen stark zu machen.

Er hat zudem die Aufgabe, die Ergebnisse des Teams nach außen hin zu verkaufen. Auch Zwischenergebnisse werden gelegentlich präsentiert werden müssen, um Budgets auszuhandeln oder mit der Gesamtorganisation abzustimmen. Zusätzlich kann es notwendig sein, bei Besprechungen innerhalb des Teams Teilergebnisse zu präsentieren. Dazu benötigt er entsprechende Fähigkeiten, Inhalte präzise und plastisch abzubilden.

MITARBEITER FÜHREN UND ENTWICKELN

Teamleader führen zuallererst Menschen, die alle unterschiedlich sind. So einfach und alt diese Erkenntnis ist: Vielen Menschen fällt es trotzdem immer wieder schwer, nicht in Systemen und Modellen zu denken, mit deren Hilfe Menschen verändert oder gelenkt werden könnten.

Ziel der Führungsarbeit ist es nicht, aus den Mitarbeitern „bessere Menschen" zu machen. Vielmehr besteht die Führungsaufgabe darin, Menschen in ihren Fähigkeiten und Verhaltensweisen zu entwickeln. Das beste Mittel dafür sind Herausforderungen. Viele Führungskräfte erliegen dem Trugschluss, ihre Mitarbeiter zunächst entwickeln zu müssen, um sie dann an größere Aufgaben heranzuführen. Mit welcher Motivation sollten sich Menschen etwas aneignen, theoretisch durcharbeiten, wenn sie nicht wissen wozu und es nicht sofort in der Praxis umsetzen können? Mit den Worten Goethes: „Behandle die Menschen nicht so wie sie sind, sondern als wären sie bereits so, wie Du sie haben möchtest."

Darum ist es in der Verantwortung des Teamleaders, mit jedem einzelnen Mitarbeiter zu erarbeiten, welche Aufgaben er übernehmen kann. Menschen werden sehr häufig unterfordert, weil eine entscheidende Komponente fehlt: Vertrauen. Der Vertrauensvorschuss, dass der Mitarbeiter die übertragenen Aufgaben lösen wird, ist einer der wirksamsten Motivatoren. Wie weit man einen Mitarbeiter „nach vorne" schicken kann, ist nicht mit einer Formel zu bestimmen – hier zählen die Erfahrung des Teamleaders, die Möglichkeiten, den Mitarbeiter auf seinem Weg ins Neuland zu unterstützen, die Art der Aufgabe und die Lerngeschwindigkeit des Mitarbeiters.

Die Begriffe Stärken und Schwächen werden im Zusammenhang mit der Entwicklung von Mitarbeitern immer wieder benutzt. Dass Stärken weiter ausgebaut werden müssen, ist dabei unbestritten. Gleichzeitig sollte man die Schwächen des Mitarbeiters kennen, um sie abzubauen. Dies sollte jedoch nicht zu einer Konzentration auf seine Defizite führen. Machen Sie sich die Informationen über Schwächen vor allem zu Nutze, um zu wissen, wo die Grenzen des Mitarbeiters liegen und wo er besser nicht eingesetzt wird. Tragen Sie dazu bei, seine Stärken weiter auszubauen!

Konflikte moderieren

Neben den methodischen Kompetenzen zur Bearbeitung von Konflikten braucht der Teamleader auch das Gespür, Konflikte überhaupt wahrzunehmen. Es gehört zu seinen Aufgaben, Spannungen zu identifizieren, zu bewerten und zu entscheiden, wann diese so stark sind, dass sie bearbeitet werden müssen. Es besteht die Aufgabe, im Team eine gesunde Streitkultur zu entwickeln, die den Wert von Konflikten als Entwicklungsmotor anerkennt. Spielregeln zum Umgang mit Konflikten werden im Kapitel „Toolbox" vorgestellt.

Wie wird der Teamleader ausgewählt?

Die Kriterien, nach denen Team- oder Gruppenleiterpositionen besetzt werden, sind in der Praxis häufig genauso mannigfaltig wie unzureichend. Personalpolitik spielt hier ebenso eine Rolle wie z. B. die falsche Schlussfolgerung, dass ein erfolgreicher Sachbearbeiter automatisch dazu befähigt sein muss, ein erfolgreicher Gruppenleiter zu sein. Im Auswahlverfahren sollte daher das entscheidende Kriterium sein, ob die notwendigen Führungskompetenzen vorhanden sind. Dazu stehen folgende Instrumente zur Verfügung:

INTERVIEWS

Grundsätzlich sollte in jedem Auswahlprozess ein Interview stattfinden, in dem über die zu erfüllenden Aufgaben und die Anforderungen gesprochen wird, die auf den künftigen Teamleader zukommen werden. Gegenstände solcher Interviews sollten sein:

- Aufgaben und Anforderungen an die Teamleaderposition werden vorgestellt.
- Die Situation bezüglich der zu führenden Mitarbeiter wird beschrieben.
- Darstellung, wie das Team in die Gesamtorganisation eingebettet ist.
- Welche Vorstellungen hat der Kandidat?
- Wie ist die Selbsteinschätzung des Kandidaten in Bezug auf seine sozialen- und Führungskompetenzen?
- Welche Erfahrung hat der Kandidat in Führungssituationen?
- Wie sind die Erfahrungen des Kandidaten im Zusammenhang mit Projekten und Teamarbeit?

Ein Nachteil von Interviews ist der begrenzte Informationsgewinn, weil zu erwarten ist, dass die Kandidaten nur das bestmögliche Bild von sich zeichnen wollen. Empfehlenswert ist in jedem Falle, ein Interview von dazu geschulten Personen durchführen zu lassen. Zudem sollte ein Interviewleitfaden erarbeitet werden, in dem die oben genannten wesentlichen Punkte abgebildet werden. Stützt man das Auswahlverfahren allein auf Interviews, erzielt man nur eine recht geringe „Trefferquote" für eine anforderungsgerechte Besetzung der Leaderposition. Darum sollte dieses Instrument durch weitere Auswahlverfahren ergänzt werden.

FRAGEBÖGEN

Mithilfe des Kienbaum Management Fragebogens (KMF) wird versucht, in einer Selbsteinschätzung des Kandidaten zu erfahren, ob die notwendigen Teamleading-Kompetenzen genügend ausgeprägt sind. Die Fragen beziehen sich darauf, wie die Befragten sich in bestimmten Situationen verhalten. Aus der berichteten Art und Anzahl der Verhaltensweisen wird dann indirekt auf das Vorhandensein bestimmter Persönlichkeitseigenschaften geschlossen. Den KMF können Sie über dieselbe Adresse, die im Anhang im Abschnitt „Der Teamfragebogen" angegeben ist, beziehen.

Durch die Beantwortung von den insgesamt 204 Fragen des KMF werden die 10 grundlegenden Dimensionen der Führungskompetenz abgedeckt. Bei der Auswertung ergibt sich dann z. B. ein solches Profil:

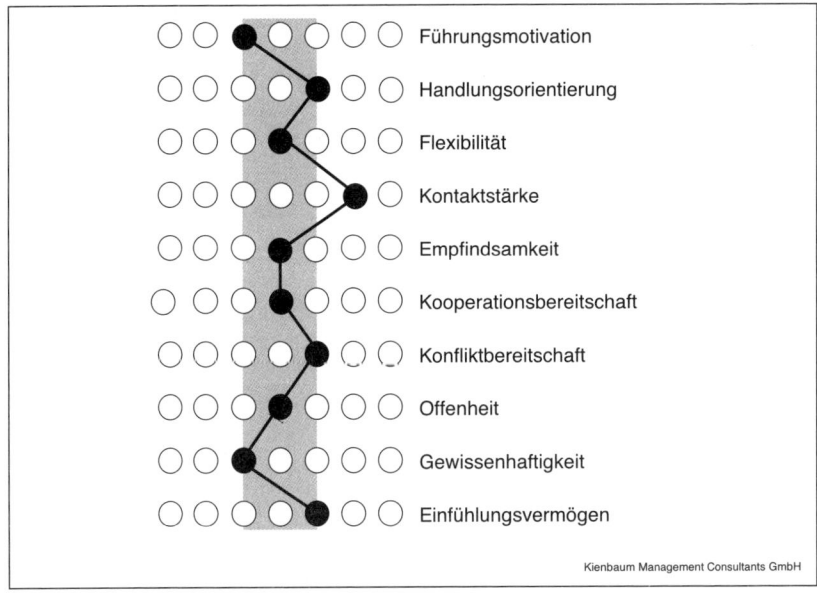

Abbildung: Beispiel für eine Auswertung des KMF

Der mittlere, dunklere Bereich des Fragebogens stellt den durchschnittlichen Ausprägungsgrad von ca. 8.000 bisher befragten Führungskräften auf den 10 Dimensionen der Führungskompetenzen dar. Diese werden als Vergleichsgröße zur Auswertung herangezogen.

Der KMF ist besonders zur Vorauswahl geeignet und nicht, um den besten Kandidaten per Fragebogen zu finden. In der ersten Phase des Auswahlprozesses können mithilfe des KMF die Kandidaten erkannt werden, die genauer betrachtet werden sollten. Deutlich ungeeignete Bewerber können so identifiziert werden.

AUSWAHL IM ASSESSMENT CENTER

Ein Assessment Center (AC) ist sicherlich das geeignetste Instrument zur Beurteilung individueller Führungskompetenzen und reduziert das Risiko von Fehlentscheidungen in hohem Maße. Im AC können aus dem Kreis der geeigneten Kandidaten der Beste oder die Besten identifiziert werden. In einer Reihe von spezifischen Übungen werden die Kompetenzen zur Führung von Menschen und zur Leitung von Teams systematisch geprüft und von mehreren Beobachtern, unabhängig voneinander, beurteilt.

Die Aufgaben sind so ausgewählt, dass sie dem Querschnitt eines typischen Arbeitsalltags entsprechen. Somit können die Kandidaten direkt beweisen, ob sie über die notwendigen Fähigkeiten und Kompetenzen verfügen, um der Aufgabe gerecht zu werden.

TYPISCHE AUFGABEN IM AC ZUR AUSWAHL EINES TEAMLEADERS

- Interview zum Führungsverständnis
- Leiten einer Teambesprechung
- Führen eines Mitarbeitergespräches zur Entscheidungsfindung
- Konfliktregelung zwischen zwei Mitarbeitern
- Aufgabe zur Projektdefinition aus Unternehmensdaten
- Organisationsaufgabe

Auswahl im dynamischen Einzel-Assessment

Im Einzel-Assessment wird für den Kandidaten eine sehr realitätsnahe, komplexe Arbeitsumwelt geschaffen. Er verbringt einen ganzen Tag in einem virtuellen Büro. Eine Reihe von Aufgaben und Terminen sind zu koordinieren und auch zu absolvieren. Das Spektrum reicht hier von unternehmerischen Entscheidungen über das Führen von Mitarbeitergesprächen, Verhandlungen mit anderen Abteilungen bis hin zu routinemäßigen Organisationsaufgaben.

Die einzelnen Aufgaben sind positionsspezifisch ausgewählt und modifiziert. Dynamisch ist dieses Instrument dadurch, dass die Lösung einer Aufgabe auf die nächstfolgende Aufgabenstellung Einfluss hat, wie es im Arbeitsalltag stets der Fall ist.

Der Einsatz eines solch komplexen Instrumentes für die Teamleader-Auswahl ist gerechtfertigt, wenn

- eine getroffene Entscheidung zu verifizieren ist oder
- von Beginn des Auswahlprozesses an nur zwei oder drei Top-Kandidaten existieren.

Die exemplarischen Aufgaben sind im Einzel-Assessment mit denen im Gruppen-AC vergleichbar. Die Präzision der durch ein Assessment Center getroffenen Entscheidung rechtfertigt den Aufwand dieser Methodik: Eine Fehlbesetzung hat unter Umständen massive Auswirkungen auf die Leistungsfähigkeit und den Erfolg einer gesamten Gruppe von Menschen und die angrenzenden Schnittstellen. Denn scheitert ein Team von acht Mitarbeitern nach einem halben Jahr an der Fehlbesetzung der Leitungsposition, sind die dadurch entstandenen Kosten unverhältnismäßig hoch.

Abschließend wird auf der folgenden Seite in einer Übersicht noch einmal zusammengefasst, welche Aufgaben ein Teamleader zu erfüllen hat. Ergänzend werden noch die Eigenschaften aufgeführt, die den Leiter eines Teams zur notwendigen Führungs- und Sozialkompetenz befähigen.

Zusammenfassung

Die Auswahl des Teamleaders wird primär durch die Anforderungen, die an die Leitungsfunktion in einem Team gestellt werden, bestimmt. Die Aufgabe des Leaders besteht in der Steuerung eines Teams und umfasst entsprechend:

- mit dem Team Ziele vereinbaren
- die Teamarbeit organisieren
- die Teammitglieder beraten
- Entscheidungen fällen
- das Team repräsentieren
- Mitarbeiter führen und entwickeln
- Konflikte moderieren

Hierfür werden neben einer in der Breite orientierten fachlichen Eignung allgemeine Führungs- und Sozialkompetenzen benötigt. Gesucht ist ein Mensch, der ein ausgewogenes Gleichgewicht der folgenden Eigenschaften besitzt:

- Führungsmotivation
- Handlungsorientierung
- Flexibilität
- Kontaktstärke
- Empfindsamkeit
- Kooperationsbereitschaft
- Konfliktbereitschaft
- Offenheit
- Gewissenhaftigkeit
- Einfühlungsvermögen

Als Auswahlinstrumente stehen Assessment-Center-Techniken, Fragebögen und Interviews zur Verfügung, um eine möglichst objektive Beurteilung des künftigen Leaders zu gewährleisten.

Auswahl der Teammitglieder

Bei der Auswahl der künftigen Teammitglieder müssen mehrere Aspekte berücksichtigt werden. Zum einen sollen die Kandidaten über ausreichende Kompetenzen verfügen. Darüber hinaus liegt die Stärke eines Teams vor allem darin, dass Personen mit unterschiedlichsten Qualitäten, die sich gegenseitig ergänzen, aufeinander treffen. Jeder Kandidat muss also sowohl hinsichtlich seiner Fähigkeiten als auch seiner potenzielle Rolle im Team geprüft werden. Um noch einmal ein Beispiel aus dem Fußball zu verwenden: Eine Mannschaft, bestehend aus Weltklassestürmern, wird zwar mit großen Namen, nicht aber mit großen Erfolgen beeindrucken.

■ Rollen im Team

Menschen nehmen in Gruppen verschiedene Rollen ein. Diese sind vielfältig und treten selten idealtypisch auf. Trotzdem können einige Profile bestimmt werden, die das menschliche Verhalten in Gruppen beschreiben. Alle diese „Prototypen" haben einerseits Qualitäten, die eine erfolgreiche Teamarbeit fördern, und andererseits Eigenschaften, die dieser eher im Wege stehen. Bei der Teamauswahl sollte berücksichtigt werden, dass möglichst viele verschiedene Stärken im Team vertreten sind, um unterschiedlichsten Situationen gegenüber gewappnet zu sein. Andererseits muss es einen Ausgleich für individuelle Schwächen geben, also Menschen, die mit ihren Stärken die Schwächen anderer kompensieren können. Ideal ist ein Zustand, in dem alle Teammitglieder in der Position sind, wenigstens eine Stärke einbringen zu können.

Die folgende Abbildung zeigt, welche acht Prototypen von Teammitgliedern existieren. Die idealtypische Besetzung solcher Rollen ist die Ausnahme! Vielmehr repräsentieren alle Menschen verschiedene Felder unterschiedlich stark. Dies ist auch abhängig davon, welche anderen Rollen bereits besetzt sind, wie das eigene Engagement in der Sache gesehen wird und wie die Rahmenbedingungen das Geschehen im Team beeinflussen.

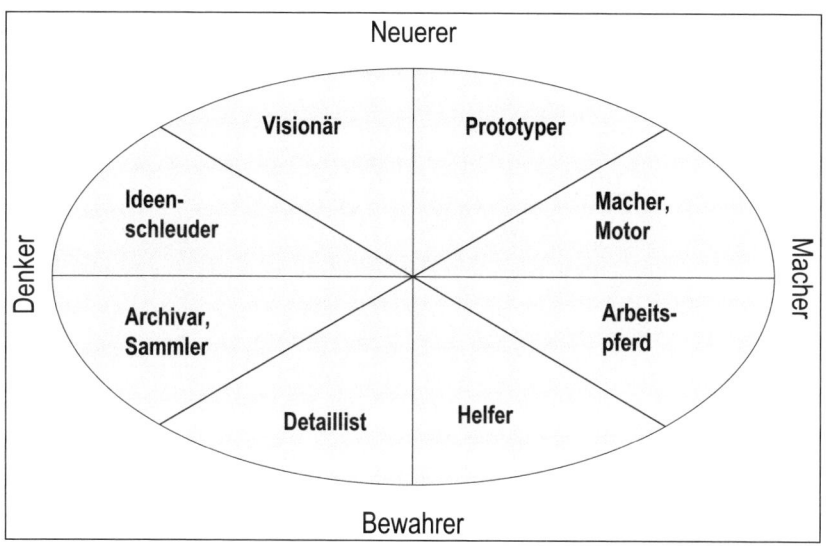

Abbildung: 8 Prototypen des Verhaltens im Team

Die Hauptachsen, um die sich das differenziertere Typenspektrum verteilt, sind „Neuerer/Bewahrer" und „Denker/Macher". Diese beiden Gegensatzpaare sind komplementär zueinander, d. h., sie ergänzen sich. Hier eine Bewertung vorzunehmen wäre falsch. Es gibt kein gutes oder schlechtes Ende, da der Erfolg des Teams gerade in der Gegensätzlichkeit seiner Mitglieder begründet liegt.

Warum bilden gerade die Dimensionen „Neuerer/Bewahrer" und „Denker/Macher" die Pole des Typenspektrums? Sie repräsentieren die wesentlichen Grundbedürfnisse des Menschen und ergänzen sich so zu einem funktionierenden Ganzen:

Dem Bedürfnis nach Sicherheit entspringt die Rolle des Bewahrers. Dinge, die bekannt sind, können einfach in Anspruch genommen werden und stellen keine Bedrohung dar. Mit diesen Dingen muss man sich nicht ständig beschäftigen. Das setzt Kapazitäten frei – auch für die Neuerung.

Die Neuerung repräsentiert das Bedürfnis nach Weiterentwicklung und Selbstverwirklichung. Viele wollen nicht tagaus tagein dieselben Tätigkeiten ausführen. Sie würden sich dabei langweilen.

Zwischen diesen beiden Polen Neuerung und Bewahrung pendelt die aktuelle Bedürfnis-Bilanz von Menschen. Diese ist situativ zu sehen: Niemand ist in allen Lebensbereichen ständig nur Neuerer. So kommt es vor, dass ein Mensch, der bei der Arbeit die Sicherheit schätzt, im Freizeitbereich das Bedürfnis nach Experimenten und Kreativität mittels riskanter Sportarten oder künstlerischen Hobbys auslebt.

Etwas anders verhält es sich auf der Dimension zwischen „Macher" und „Denker". Hier ist eine eher persönlichkeitstypische Komponente abgebildet.

Auf der „Macher"-Seite finden sich impulsive Menschen, die der ersten Eingebung folgen, auf den Bauch hören und lieber irgendetwas als gar nichts tun. Sie sind der grundsätzlichen Meinung, dass die Umwelt gestaltet werden muss.

Die Seite der „Denker" wird durch die reflektierenden Menschen besetzt. Diese sind eher analytisch veranlagt. Sie durchschauen die Dinge tiefer als die Impulsiven, wollen sie aber weniger gestalten – denn in ihrer Reflexion erkennen sie auch sehr häufig, dass es weder Schwarz noch Weiß, Ja oder Nein gibt. Ihnen fällt eine Entscheidung um so schwerer, je mehr Sie über etwas nachgrübeln.

Es ist nicht möglich, eine bestimmte Ausprägung einer anderen vorzuziehen, da eine jede ihre Berechtigung hat. Ohne Neuerung wird es keinen Fortschritt geben, ohne Bewahrung keine Kontinuität. Ohne Denker gibt es keine Lösungen und ohne Macher bleibt alles wie es ist.

Für die Teamarbeit gilt es, den Wert der unterschiedlichen Prototypen zu erkennen und so miteinander zu kombinieren, dass ein ausgewogenes Gleichgewicht aus Machen, Denken, Bewahren und Erneuern entstehen kann.

Die Rollen beschreiben

Was kennzeichnet die unterschiedlichen Ausprägungen dieser beiden Dimensionen und welchen Wert haben sie für die Arbeit im Team?

DER PROTOTYPER

Stärken	- Aufgeschlossen gegenüber Neuem - Kann Führung durch Visionäre zulassen
Schwächen	- Macht ungern zweimal dasselbe – nachdem etwas funktioniert, wird es uninteressant
Zu erkennen an typischer Aussage	- „Das ist eine gute Idee, lasst es uns so versuchen ... "
Dankbare Aufgabe	- Ideen in die Tat umsetzen - Koordination zwischen Entwurf und Routine - Suche von pragmatischen Lösungen
Synergien	- Setzt die Vorgaben von Visionär und Ideenschleuder um - Fühlt sich durch Helfer gut unterstützt - Profitiert von der Energie des Arbeitspferdes

Kennen Sie einen Prototyper?

Wer ist es?

Was schätzen Sie an dieser Person?

Womit haben Sie persönlich Schwierigkeiten?

Das Team zusammenstellen

DER MACHER UND MOTOR

Stärken	- Treibt das Team vorwärts - Kann Rückschläge schnell wegstecken - Ist verbindlich in Zusagen und Absprachen
Schwächen	- Ungeduldig bei der Lösungssuche - Gelegentlich zu impulsiv, zu wenig analysierend
Zu erkennen an typischer Aussage	- „Ja! Wer macht das bis wann? Worauf warten wir noch?"
Dankbare Aufgabe	- Lösungen entwickeln - Verbesserungsvorschläge machen - Abläufe entwerfen
Synergien	- Führt den Helfer - Hindert den Detaillisten an der Überanalyse - Profitiert von der Kreativität der Ideenschleuder sowie dem strukturierten Vorgehen des Archivars und Sammlers

---

Kennen Sie einen Macher und Motor?

Wer ist es?

Was schätzen Sie an dieser Person?

Womit haben Sie persönlich Schwierigkeiten?

DAS ARBEITSPFERD

Stärken	- Bringt die Lösung vorwärts durch unermüdlichen Einsatz - Streitet nicht um Vorgehensweisen, sondern „macht einfach" - Lebt damit Engagement vor
Schwächen	- Wenig kreativer Input, wartet auf die Ideen und Zuweisungen anderer
Zu erkennen an typischer Aussage	- „Kein Problem, ich mache das!"
Dankbare Aufgabe	- Alles, solange keine Langeweile aufkommt und ein Fortschritt zu beobachten ist
Synergien	- Bringt das gesamte Team vorwärts - Profitiert von der kreativen Führung durch die Ideenschleuder und des Visionärs - Zieht den Helfer mit

---

Kennen Sie ein Arbeitspferd?

Wer ist es?

Was schätzen Sie an dieser Person?

Womit haben Sie persönlich Schwierigkeiten?

Der Helfer

Stärken	- Ist der „Indianer", der gebraucht wird
- Realisiert die vorgegebenen Aufgaben
- Lässt sich gern führen, sichert sowohl Zielerreichung als auch Arbeitsklima ab
- Sichert bewährte Strukturen durch deren Nutzung ab
Schwächen	- Zuwenig Eigeninitiative
- Braucht Anstoß, um Neues zu versuchen
Zu erkennen an typischer Aussage	- „Wenn ihr meint? Dann machen wir es so."
Dankbare Aufgabe	- Alles was überschaubar und nachvollziehbar ist
Synergien	- Braucht den Drive des Machers und die Kreativität der Ideenschleuder
- Arbeitet dem Prototypen und dem Archivar zu
- Bringt das gesamte Team durch abrufbare Arbeitskraft vorwärts

---

Kennen Sie einen Helfer?

Wer ist es?

Was schätzen Sie an dieser Person?

Womit haben Sie persönlich Schwierigkeiten?

DER DETAILLIST

Stärken	- Sehr gute analytische Fähigkeiten - Sucht stets nach der 100% Lösung, sichert Qualität der Ergebnisse - Weiß um das Wie und Warum von Bewahrenswertem
Schwächen	- Kann durch die Detailverliebtheit bremsen - Verliert unter Umständen über einer Teillösung das Ziel aus den Augen
Zu erkennen an typischer Aussage	- „Ich bin mir noch nicht so ganz sicher ... was ist denn, wenn ...?"
Dankbare Aufgabe	- Ausarbeitung von detaillierten Ablaufplänen, Prozessen und Lösungen - Verzwickte Teillösungen und Tüfteleien, bei denen „alles bedacht werden muss"
Synergien	- Braucht die Zuarbeit des Sammlers - Hält für den Visionär den Bodenkontakt - Liefert Informationen für und hinterfragt den Prototyper

Kennen Sie einen Detaillisten?

Wer ist es?

Was schätzen Sie an dieser Person?

Womit haben Sie persönlich Schwierigkeiten?

DER ARCHIVAR UND SAMMLER

Stärken	- Weiß, wo etwas steht - Bewahrt die Vorgehensweisen auf, kann dokumentieren und Fortschritte aufzeigen - Verhindert mehrfaches Anrennen - Eher neutral in der Frage „Neu oder Alt?"
Schwächen	- Zuwenig Eigeninitiative
Zu erkennen an typischer Aussage	- „Da könnten wir mal bei ... nachschauen" und „Das habe ich extra aufgehoben"
Dankbare Aufgabe	- Projektstrukturpläne - Aufbau von Datenbanken und Handbüchern - Knowledge-Management für das Team
Synergien	- Ist Quelle primär für den Prototyper und den Motor - Braucht die Zielsetzungen des Visionärs - Führt den Helfer in der Frage „Woher - wohin?"

Kennen Sie einen Sammler und Archivar?

Wer ist es?

Was schätzen Sie an dieser Person?

Womit haben Sie persönlich Schwierigkeiten?

DIE IDEENSCHLEUDER

Stärken	- Kreativer Input für das Team - Kann fremde Lösungen gut nachvollziehen und weiterentwickeln - Hinterfragt viel, um noch besser „zu denken"
Schwächen	- Packt die Dinge nicht an, befasst sich lieber mit Ideen und Möglichkeiten
Zu erkennen an typischer Aussage	- „Man könnte doch mal versuchen ... (meint eher: Ihr könntet doch mal machen ...)"
Dankbare Aufgabe	- Lösungen entwickeln - Verbesserungsvorschläge machen - Abläufe entwerfen
Synergien	- Setzt die Ideen des Visionärs in kleinere, verteilbare Häppchen um - Wird durch das Arbeitspferd in der Umsetzung sehr stark unterstützt - Liefert dem Prototyper die Vorlagen

Kennen Sie eine Ideenschleuder?

Wer ist es?

Was schätzen Sie an dieser Person?

Womit haben Sie persönlich Schwierigkeiten?

Der Visionär

Stärken	- Hält die Visionen aufrecht - Lebt Begeisterung für die Sache vor - Zeigt in schwierigen Phasen den „Lichtschein am Ende des Tunnels" - Setzt hohe Maßstäbe und hält an diesen fest
Schwächen	- Kollidiert mit der Realität und der Umsetzbarkeit - Neigt zum „Neuen um jeden Preis" - Gelegentlich zu wenig Anerkennung und Respekt für Bewahrenswertes
Zu erkennen an typischer Aussage	- „Eines Tages wird es so sein, dass ..."
Dankbare Aufgabe	- Aufgaben zur Teambegeisterung - Szenarien, wie die Lösungen in das Unternehmen eingebunden werden können
Synergien	- Begeistert das Arbeitspferd und den Macher - Motiviert den Helfer - Wird vom Detaillist „am Boden gehalten"

Kennen Sie einen Visionär?

Wer ist es?

Was schätzen Sie an dieser Person?

Womit haben Sie persönlich Schwierigkeiten?

▪ Wer soll ins Team?

Die Entscheidung, wer in einem Team zum Einsatz gebracht wird, kann sehr schwierig sein:

Wie kann die soziale Kompetenz gegen die fachliche Eignung aufgewogen werden? Wie werden sich die einzelnen Mitarbeiter ergänzen oder gegenseitig stören?

Zu Beginn der Teambesetzung sollten Sie sich die folgenden Fragen stellen:

- Welche Fachkompetenzen werden benötigt?
- Wie viel Arbeitskraft wird gebraucht?
- Wer kommt für die Teambesetzung in Frage?

Die Beantwortung dieser Fragen lässt sich nur aus dem Teamauftrag ableiten:

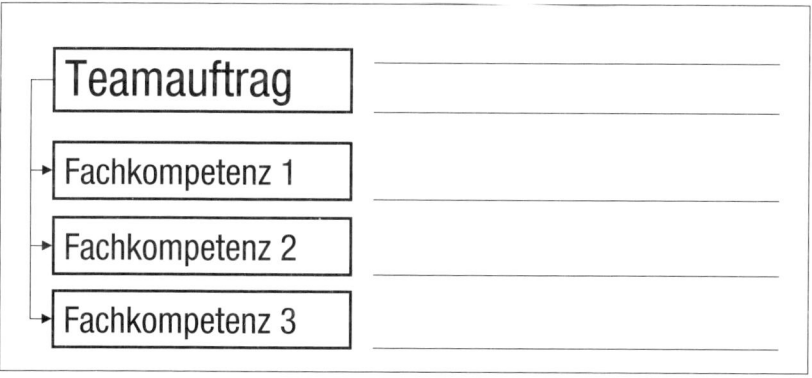

Nachdem festgestellt wurde, welche fachlichen Voraussetzungen in einem Team erfüllt sein müssen, werden die dafür in Frage kommenden Kandidaten erfasst:

Fachkompetenz 1	Fachkompetenz 2	Fachkompetenz 2
Kandidaten:	Kandidaten:	Kandidaten:
Bedarf gedeckt?	Bedarf gedeckt?	Bedarf gedeckt?

Hier kann es natürlich zu Mehrfach-Nennungen kommen, da einige Kandidaten durchaus verschiedene fachliche Anforderungen erfüllen können.

Was ist zu tun, wenn nicht genügend Kandidaten vorhanden sind? Oder wenn eine bestimmte fachliche Voraussetzung nicht erfüllt ist? Dann gibt es drei Möglichkeiten:

- interne Suche ausweiten
- Entwicklung des Kandidaten, der der Anforderung am nächsten kommt
- externe Suche

Die Entscheidung, ob intern oder extern gesucht oder ein Mitarbeiter entsprechend qualifiziert wird, ist natürlich von den spezifischen Rahmenbedingungen des Teams abhängig.

Um ein ausgewogenes Verhältnis zwischen den unterschiedlichen fachlichen bzw. sozialen Kompetenzen und Rollentypen herzustellen, empfiehlt es sich, zunächst die in Frage kommenden Kandidaten auf ihre Eignung hin zu beurteilen.

Um diese Beurteilung zu objektivieren, kann man mithilfe einer Checkliste die Kandidaten unabhängig voneinander begutachten. Eine solche Checkliste finden Sie am Ende dieses Abschnitts.

Welche Vorteile hat ein standardisiertes Screening?

- Alle Kandidaten werden nach den gleichen Kriterien beurteilt.
- Die Auflistung der Kriterien führt die Beurteilungsbasis verbindlich vor Augen, die bloße Ad-hoc-Beurteilung wird objektiviert.
- Die Beurteilung, welche Verhaltenstypen von einem Kandidaten voraussichtlich vertreten werden, wird grafisch gelöst. Durch einen Vergleich aller Kandidaten ist absehbar, ob ein Verhaltenstyp dabei überrepräsentiert wird oder nicht.

ZUM UMGANG MIT DER CHECKLISTE

Neben dem Feld für den Namen, in dem Sie auch den Ausbildungsgang festhalten können, finden Sie das Koordinatensystem der Verhaltens-Prototypen wieder. Versuchen Sie Feld für Feld grafisch einzutragen, wie viel ein Mensch von dem jeweiligen Verhaltenstypen zeigt. Ist jemand sehr visionär in seinen Ideen, aber wenig detailverliebt, wird entsprechend viel von dem Feld „Visionär" eingefärbt und das Feld „Detaillist" wenig ausgefüllt. Auf diese Weise kommen Sie zu einem grafischen „Verhaltensprofil" von einem Mitarbeiter. Die Entscheidung, wie viel ein Mitarbeiter von einem bestimmten Verhaltensprototyp hat, können Sie mithilfe der Typenbeschreibungen aus dem Kapitel „Rollen im Team" treffen.

Es kann hier nicht darum gehen zu bewerten, ob diese Profile „schlecht" oder „gut" sind. Vielmehr ist es Ziel festzuhalten, wer welche Rollen im Team erfüllen kann. Am Ende des Beurteilungsprozesses steht die Aufgabe zu überprüfen, ob alle notwendigen Rollen genügend besetzt werden können.

Gehen Sie dann weiter zum Teilbereich der Fachkompetenz. Beurteilen Sie hier alle einzelnen Punkte unabhängig voneinander. Berufserfahrung ist etwas anderes als die Ausbildungskenntnisse. Je nach der gestellten Fachaufgabe kann Berufserfahrung von größerem Gewicht sein als der Ausbildungsgang. In anderen Fällen ist ein bestimmter Ausbildungsgang unbedingte Voraussetzung, während die Berufserfahrung von geringerer Bedeutung ist.

Die inhaltliche Kreativität steht für die Fähigkeit, fachgerecht auch ungewöhnliche und innovative Lösungen zu realisieren. Hierzu ist die eigentliche Fachkompetenz zwar mit Voraussetzung, sie gewährleistet aber noch nicht den kreativen Umgang mit den Kenntnissen.

Bei der Beurteilung legen Sie bitte zugrunde, inwieweit für die spezifische Aufgabe des Teams „Kreativität", „Erfahrung" oder „Ausbildung" notwendig ist und gewichten Sie entsprechend. Gehen Sie in den Teilbereichen „Methodenkompetenz" und „Sozialkompetenz" adäquat vor.

Bedenken Sie bei jedem Punkt, inwiefern die einzelnen Kompetenzen für den Erfolg Ihres Teams notwendig sind. Beurteilen Sie anschließend die Person danach, ob ihre Fähigkeit in diesen Teilbereichen ausreichend ist.

Um letztlich das Gesamturteil zu fällen, betrachten Sie noch einmal die Beurteilungen, die Sie für alle Teilbereiche abgegeben haben. Nehmen Sie aber bitte ein tatsächliches Gesamturteil vor: Lassen Sie sich von den Teilbereichen leiten, aber bilden Sie keinen Durchschnittswert der abgegebenen Bewertung – denn diese sind miteinander ohnehin nicht vergleichbar.

Halten Sie fest, ob Sie eine Person für geeignet halten. Überlegen Sie, ob bei einer „Eignung mit Einschränkung" mittels kurzfristiger Qualifizierung und Entwicklung der jeweiligen Kompetenzen eine Eignung wahrscheinlicher wird.

Auswahl der Teammitglieder

Checkliste zur Vorbeurteilung von möglichen Teammitgliedern:

Name	**Neuerer** Visionär | Prototyper Ideenschleuder | Macher, Motor **Denker** ——————— **Macher** Archivar, Sammler | Arbeitspferd Detaillist | Helfer **Bewahrer**	
Fachkompetenz	Eignung der Ausbildung Berufserfahrung Inhaltliche Kreativität	− ○○○●○○○ + − ○○○●○○○ + − ○○○●○○○ +
	Gesamturteil der fachlichen Eignung	− ○○○●○○○ +
Methoden- kompetenz	Strukturiertheit im Vorgehen Projekterfahrung Kreativität in der Arbeitsweise	− ○○○●○○○ + − ○○○○●○○ + − ○○○●○○○ +
	Gesamturteil der methodischen Eignung	− ○○○●○○○ +
Sozial- kompetenz	Kommunikationsstil Verbindlichkeit Offenheit Bereitschaft zur Kooperation	− ○○○●○○○ + − ○○○●○○○ + − ○○○●○○○ + − ○○○●○○○ +
	Gesamturteil zur Sozialkompetenz	− ○○○●○○○ +
Gesamturteil	☐ Ja ☐ Nein	
Entwicklungsbedarf		

Das Team zusammenstellen

Eine exemplarisch angewandte Checkliste zur Vorbeurteilung von möglichen Teammitgliedern:

Name	Neuerer / Visionär / Prototyper / Ideenschleuder / Macher, Motor / **Denker** — **Macher** / Archivar, Sammler / Arbeitspferd / Detaillist / Helfer / **Bewahrer**	
Fachkompetenz	Eignung der Ausbildung	− ○ ○ ○ ● ✗ ○ ○ +
	Berufserfahrung	− ○ ✗ ○ ● ○ ○ ○ +
	Inhaltliche Kreativität	− ○ ○ ✗ ● ○ ○ ○ +
	Gesamturteil der fachlichen Eignung	− ○ ○ ✗ ● ○ ○ ○ +
Methoden-kompetenz	Strukturiertheit im Vorgehen	− ○ ○ ✗ ● ○ ○ ○ +
	Projekterfahrung	− ○ ○ ○ ● ○ ✗ ○ +
	Kreativität in der Arbeitsweise	− ○ ○ ○ ● ✗ ○ ○ +
	Gesamturteil der methodischen Eignung	− ○ ○ ○ ● ✗ ○ ○ +
Sozial-kompetenz	Kommunikationsstil	− ○ ○ ○ ● ○ ✗ ○ +
	Verbindlichkeit	− ○ ○ ○ ● ✗ ○ ○ +
	Offenheit	− ○ ○ ○ ● ○ ✗ ○ +
	Bereitschaft zur Kooperation	− ○ ○ ○ ● ○ ✗ ○ +
	Gesamturteil zur Sozialkompetenz	− ○ ○ ○ ● ○ ✗ ○ +
Gesamturteil	☐ Ja ☐ Nein	„guter Teamarbeiter"
Entwicklungsbedarf	Braucht noch fachliche Anleitung und Berufserfahrung – kann von Teamarbeit profitieren	

Prüfen Sie nach der Vorauswahl und der Beurteilung der Kandidaten:

- Ist genügend Arbeitskraft vorhanden, um den Teamauftrag im angegebenen Zeitrahmen zu erfüllen?
- Sind alle Fachkompetenzen abgedeckt, die für die Bewältigung des Auftrages notwendig sind?
- Wie sind die verschiedenen Verhaltens-Prototypen repräsentiert? Gibt es Überbesetzungen bestimmter Rollen? Sind andere Rollen zu wenig besetzt?

Wenn Sie die ersten beiden Fragen mit „Ja" beantworten können und Sie auch bei den Überlegungen zu den Rollentypen feststellen, dass ein genügend breites Typenspektrum vorhanden ist, können Sie nun auf dem Papier damit beginnen, das „Proto-Team" zu formieren.

Dazu sollen Ihnen zunächst die folgenden beiden Checklisten helfen:

CHECKLISTE: MACHER-DENKER

Macher **Denker**

Eine Tätigkeit

☐ ...wird einfach in Angriff genommen

... wird zunächst durchdacht und auf ihre Konsequenzen hin überprüft. ☐

Zeit der Nichtauslastung

☐ ...ist eher unangenehm

...ist willkommen, um zu planen. ☐

Diskussionen

☐ ...werden schwer ertragen.

...werden gerne und detailliert geführt. ☐

Zitat:

☐ „Besser irgendetwas als nichts tun!"

„Besser einmal zuviel als einmal zuwenig gesprochen." ☐

Sie haben anhand dieser vier Aussagen überprüft, ob ein Mitarbeiter eher Macher oder Denker ist. Gehen Sie nun zur nächsten Checkliste und überprüfen Sie mit deren Hilfe, ob ein Mitarbeiter eher Neuerer oder Bewahrer ist. Die Ergebnisse können Sie für die Team-Setup-Matrix auf der nächsten Seite verwenden.

CHECKLISTE: NEUERER-BEWAHRER

Neuerer **Bewahrer**

Eine Innovation

☐ ... wird sofort tiefgreifend und grundsätzlich überlegt.

... wird lieber zunächst in der Verbesserung des Bestehenden gesucht. ☐

Von Neuem zu überzeugen

☐ ...ist eher einfach.

...dauert eher lange. Erst der Beweis, dass es besser ist, wirkt. ☐

Reflexionen

☐ Hinterfragt das Alte nach kritischen Punkten und das Neue nach Positivem.

Hinterfragt das Neue nach Kritischem und das Alte nach Erhaltenswertem. ☐

Zitat:

☐ „Und wenn wir das gemacht haben, können wir als nächstes..."

„Damit sind wir gar nicht so schlecht gefahren. Wir wissen woran wir sind." ☐

Für das Team-Setup stellen Sie grafisch die folgende Team-Setup-Matrix auf, die zeigt, wie in Ihrem Team die Kompetenzen und Rollentypen vertreten sind. Für die Beurteilung der Verhaltens-Prototypen reicht es, wenn Sie für jede Person die Entscheidung Macher-Denker sowie Bewahrer-Neuerer treffen.

TEAM-SETUP-MATRIX

	Müller	Bart	Schulz	...
Fachkompetenz 1	X		X	
Fachkompetenz 2	X	X		
Fachkompetenz 3			X	
...		X		
Neuerer	X		X	
Bewahrer		X	X	X
Denker		X	X	
Macher	X			X

Abbildung: Beispiel zur Teamformation

Können Sie sich bei einer Person einmal nicht zwischen Macher-Denker oder Bewahrer-Neuerer entscheiden, weil die entsprechende Checkliste 2:2 ausgefüllt wurde, sind Mehrfach-Bewertungen durchaus zulässig. Versuchen Sie sich jedoch zuerst für einen Pol zu entscheiden, bevor Sie diesen Weg gehen.

Nachdem Sie dies durchgeführt haben, lassen Sie sich nicht dazu hinreißen, Kreuze zu zählen – es handelt sich hier um eine näherungsweise Bewertung. Nehmen Sie den grafischen Eindruck auf. Sind die Kreuze auf dem Blatt gleichmäßig verteilt, d. h. Teamrollen, Fach-, Methoden- und Sozialkompetenzen ebenmäßig abgedeckt?

Wenn nicht, überprüfen Sie, ob Sie nachbessern können. Wenn ja: Herzlichen Glückwunsch!

Zusammenfassung

In einem Team werden von den Mitarbeitern unterschiedliche Prototypen des Verhaltens besetzt. Dabei gibt es keine reine Rollenzuweisungen, sondern jeder Mitarbeiter besetzt mehrere Rollenanteile unterschiedlich stark.

So finden sich in Teams:

- Prototyper
- Macher und Motor
- Arbeitspferd
- Helfer
- Detaillist
- Archivar und Sammler
- Ideenschleudern
- Visionäre

Bei der Formierung des Teams ist darauf zu achten, dass möglichst viele dieser Verhaltens-Prototypen vorhanden sind, damit sich die Menschen untereinander tatsächlich ergänzen können. Synergie beruht auf Unterschiedlichkeit!

- Nutzen Sie zur Auswahl der Teammitglieder ein standardisiertes Check-Formular!
- Achten Sie auf fachliche Vielfalt, methodische Fähigkeiten und soziale Kompetenzen bei der Bestimmung der Teammitglieder!
- Realisieren Sie einen ausgewogenen „Typen-Mix"!

*Wer immer tut, was er schon kann,
bleibt immer das, was er schon ist.
(Henry Ford, 1863-1947)*

Teamentwicklung

- Welche Phasen durchläuft ein Team in seiner Entwicklung?
- Was muss der Teamleader in diesen Phasen besonders beachten?
- Wie coacht ein Teamleader seine Mitarbeiter, was leisten externe Coaches?
- Was leisten Teamtrainings?

Die Teamentwicklungsphasen

Teams sind keine statischen Gebilde, sie entwickeln sich. Während dieses Entwicklungsprozesses durchlaufen sie nahezu immer die folgenden vier Phasen:

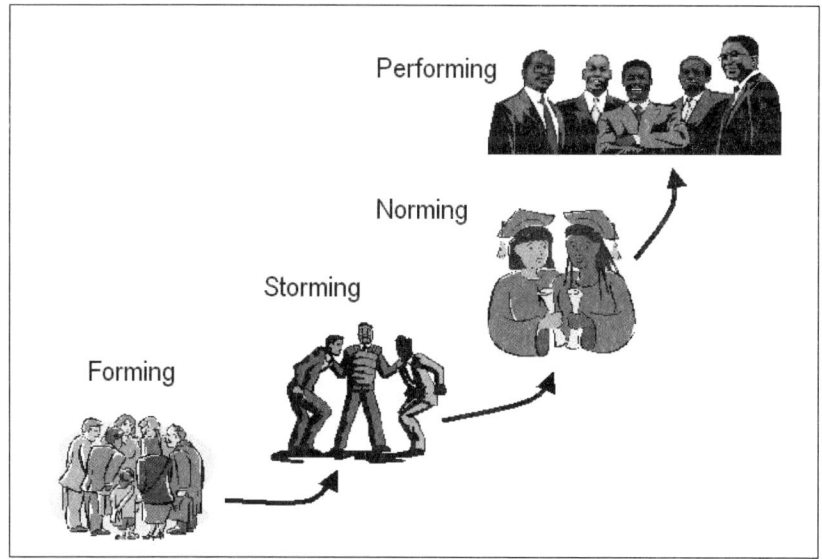

Abbildung: Die vier Phasen der Teamentwicklung

- Phase 1: „Forming"
- Phase 2: „Storming"
- Phase 3: „Norming"
- Phase 4: „Performing"

Diese Phasen gehen fließend ineinander über und können sich zeitweise überlappen. Auch ein Rückschritt von einer Phase in die vorhergehende ist in bestimmten Situationen, z. B. bei veränderten Rahmenbedingungen, einem neuem Auftrag oder neuen Mitarbeitern, möglich.

Um die unterschiedlichen Phasen der Teamentwicklung zu kennzeichnen, können vier verschiedene Betrachtungsebenen herangezogen werden:

Vorgang	Erleben
▪ Was passiert aktuell? ▪ Was kennzeichnet die Situation, in der sich das Team befindet?	▪ Wie erleben die Mitarbeiter die Situation? ▪ Was nehmen sie primär wahr?
Verhalten	Bedürfnisse
▪ Wie verhalten sich die Mitarbeiter aktuell? ▪ Was tun sie und warum?	▪ Welche Bedürfnisse und Wünsche haben Mitarbeiter? ▪ Wie wird die „bessere" Situation beschrieben?

Forming

Die erste Zusammenkunft und die ersten gemeinsamen Tage und Aktionen dienen der gegenseitigen Orientierung. Es herrscht eine gewisse Spannung vor: „Wer sind die anderen?" „Was genau sollen wir eigentlich tun?" Etwas Neues hat immer einen Reiz auf Menschen. Gleichzeitig rät die Vorsicht zur Distanz, solange noch nicht klar ist, wer in der neuen Umgebung vertrauenswürdig ist.

So wird es in der ersten Phase weder zu Konflikten noch zu innovativen Lösungen kommen: Es herrscht oft eine höfliche Unverbindlichkeit vor, ähnlich dem Smalltalk auf Partys.

Die Forming-Phase ist durch folgende Merkmale gekennzeichnet:

Vorgänge	Erleben
▪ Bestimmen des Teamleaders ▪ Auswahl der Teammitglieder ▪ Festlegen des Teamauftrages ▪ Ableitung von Teamzielen ▪ Klären der Ressourcen	▪ Unbestimmt bis positive leichte Spannung ▪ Unsicherheit
Verhalten	Bedürfnisse
▪ Zurückhaltendes Agieren ▪ Vorsichtig ▪ Unbestimmt ▪ Annäherungsversuche	▪ Zugehörigkeit ▪ Tieferes Kennenlernen der anderen ▪ Sicherheit

Diese abwartende Haltung ist das Resultat eines oder mehrerer Rollenkonflikte, in dem die Mitglieder eines Teams stecken.

Jeder Einzelne will sich einerseits als „gutes" Teammitglied integrieren, andererseits existiert auch der Anspruch, eine besondere Rolle zu spielen. Hier konkurriert das Bedürfnis nach Selbstverwirklichung mit dem nach Zugehörigkeit. Diese beiden Grundbedürfnisse schließen sich nicht gegenseitig aus, sind aber nicht immer einfach miteinander vereinbar.

In Projektteams kann ein weiterer Rollenkonflikt hinzukommen: Der „eigene" Vorgesetzte wird bei der Entsendung eines Mitarbeiters in ein

Projekt auf die Vertretung der Abteilungs- oder Bereichsinteressen drängen. Im Team selber wird derselbe Mitarbeiter hören, dass hier über die Tellerränder hinweg gedacht werden soll und die Teamarbeit sowieso absolute Priorität habe.

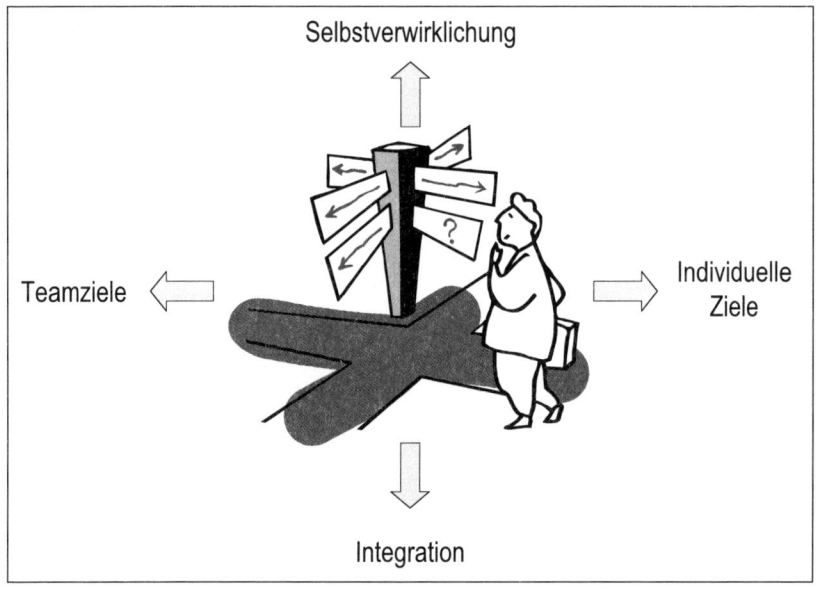

Abbildung: Konflikte des Mitarbeiters zwischen unterschiedlichen Zielen und Ansprüchen

TO DO´S IN DER FORMING-PHASE

Geben Sie dem Team die Zeit, die es braucht.

Begründen Sie, warum das Team gerade so aussieht und warum es gerade diese Mitglieder hat.

Forcieren Sie das gegenseitige Kennenlernen, auch durch gemeinsame Aktivitäten außerhalb der Arbeit.

Hören Sie aufmerksam auf die Ziele des Einzelnen.

Hören Sie auf die Erwartungen an die Teamarbeit.

Kommunizieren Sie das Teamziel deutlich.

Nomen est omen – geben Sie dem Team einen Namen. Dieser stiftet Identität.

Wertschätzen Sie die Anwesenheit eines jeden. Vermitteln Sie so die Sicherheit, die jetzt gesucht wird.

Nutzen Sie die Möglichkeiten teambildender Trainings, um von Beginn an Gemeinsamkeit und Nähe zu kreieren.

Entwickeln Sie gemeinsam im Rahmen von Trainings Spielregeln für das Team.

Storming

Nach einem teils euphorischen, teils erwartungsvollen Beginn wird sich das Gefühl im Team verbreiten, dass man nicht so voran kommt, wie man sich das ausgemalt hatte. Im Laufe der Zeit kann die Diskrepanz zwischen Wunsch und Wirklichkeit immer größer werden. Dies hat zur Folge, dass sich die anfängliche Harmonie als brüchig erweist. Denn bisher war es harmonisch, weil es einfach keinen Grund zu Disharmonie und Meinungsverschiedenheiten gab!

Doch mit der zunehmenden Unzufriedenheit über ein evtl. verlangsamtes Vorankommen werden auch die Zurückhaltungen aufgegeben. Ab einem bestimmten Punkt wird bei den meisten Menschen die eigene Frustration das Harmoniebedürfnis übersteigen. In dem Moment werden andere für bisheriges Scheitern verantwortlich gemacht. Die Macher werden den Detaillisten Bremserei vorwerfen, anders herum werden die Detaillisten den Machern plan- und ziellose Hektik vorwerfen. Visionäre gelten als Tagträumer und Sammler als zwanghaft.

So wird man bei genügend Fantasie für jedes Teammitglied wenigstens einen Grund finden, warum gerade diese Person das Scheitern zu verantworten hat.

In dieser Phase kann es, abhängig von der jeweiligen konkreten Situation, mehrere Reaktionstendenzen geben:
- Der Sinn der Arbeit wird in Frage gestellt.
- Die Zielsetzung und/oder die Rahmenbedingungen werden verändert.
- Es wird nach einer Entscheidung von oben und „straffer Führung" gerufen.
- Das Team will den Auftrag zurückgeben und sich auflösen.

Die Storming-Phase ist durch folgende Merkmale gekennzeichnet:

Vorgänge	Erleben
▪ Offene und verdeckte Konflikte ▪ Cliquenbildung ▪ Mühsames Vorwärtskommen	▪ Enttäuschung über nicht erfüllte Erwartungen ▪ Angst vor dem eigenen Versagen ▪ Angst vor dem Teamversagen ▪ „Von den Schnellen geschoben, von den Langsamen gebremst"
Verhalten	**Bedürfnisse**
▪ Streit um Ziele, Lösungen, Kompetenzen ▪ Absicherung der eigenen Position im unsicheren Terrain ▪ Suche nach Partnern und Koalisten ▪ Schuldzuweisungen	▪ Fruchtbares und gesundes Arbeitsklima ▪ Zielgerichtetes Vorgehen, auch „straffe Führung" ▪ Wunsch nach „Wir-Gefühl"

Die Voraussetzungen, um diese schwierige Phase zu bewältigen, sind dann gegeben, wenn alle Mitarbeiter akzeptieren, dass

- eine solche schwierige Phase durchaus üblich und notwendig für die Teamentwicklung ist,
- in diesen Konflikten sich gleichzeitig das Potenzial, die Vorstellungen und Interessen aller Mitarbeiter so deutlich zeigen, wie dies bisher noch nicht der Fall war,
- verschiedene Standpunkte bei entsprechender Handhabung ein Gewinn sind und in jedem Fall alle Standpunkte eine Berechtigung haben.

Das Verhalten von Mitarbeitern in dieser Phase ist häufig eher destruktiv und dient der Sicherung eigener Interessen. Es treten folgende Phänomene auf:

- **Kampf-Verhalten**
  Angriffe, Aggressionen, Killerphrasen, Zynismus, Spott
- **Flucht-Tendenzen**
  Problemen und Verantwortung ausweichen, intellektuelle Wortgefechte um abgelegene Details, Witzeln
- **Abhängigkeits-Verhalten**
  Warten auf „klare" Anweisungen, Bestehen auf Richtlinien und Vorschriften, Anpassung ohne innere Überzeugung
- **„Freiheits"-Kämpfe**
  Rebellion, Aufsässigkeit, Ablehnen von Spielregeln
- **Einigelung**
  Feindliche Haltung gegenüber Kunden, Kollegen oder Außenstehenden, Cliquenbildung innerhalb des Teams
- **Totstellen**
  Nichts wissen, an nichts erinnern, vergessen, Dienst nach Anweisung, Handeln nur nach konkreten Befehlen, wenig Ideen, keine Vorschläge

TO DO´S IN DER STORMING-PHASE

Beobachten Sie genau was passiert. Achten Sie auf die sich entwickelnden Machtstrukturen und die Rollen, die jetzt aufgesucht werden.

Achten Sie den Frust des Einzelnen – jede Enttäuschung hat ihre Berechtigung.

Überbewerten Sie „emotionale Entgleisungen" nicht.

Verhindern Sie, dass neue Konflikte geschürt werden.

Suchen Sie nach den Dingen, die funktionieren – machen Sie mehr davon.

Beziehen Sie das Team in die Sensibilisierung für die Storming-Phase mit ein.

Argumentieren Sie gerade in dieser Phase vornehmlich auf der Sachebene.

Schalten Sie rechtzeitig einen Team-Coach ein, bevor ein Zerwürfnis nicht mehr revidierbar ist.

■ Norming

In dieser Phase steht weniger das Teamziel als solches im Mittelpunkt, sondern die Art und Weise, wie es erreicht werden soll. Und das schließt die Umgangsformen, Ansprüche aneinander, Spielregeln, Umgang mit Konflikten genauso ein wie Arbeitsmethoden und Koordinationsgeschick.

Für die Mitglieder des Teams gilt es nun zu erkennen, dass es notwendig ist, sich nicht nur mit den Teamzielen, sondern genauso mit den Prozessen im Team auseinander zu setzen.

Die folgenden Merkmale kennzeichnen die Norming-Phase:

Vorgänge	Erleben
▪ Akzeptanz der Realität ▪ Akzeptanz anderer Personen und Standpunkte ▪ Feste Rollen und Aufgabenverteilung bilden sich heraus	▪ Selbstvertrauen nimmt zu ▪ Vertrauen in die anderen nimmt zu ▪ Zunehmendes Wir-Gefühl
Verhalten	Bedürfnisse
▪ Neue Umgangsformen und Verhaltensweisen ▪ Erste teaminterne Witze und Slogans werden genutzt ▪ Vermeiden von Schuldzuweisungen	▪ Wunsch nach Zielerreichung ▪ Sicherung der gefundenen Kompromisse ▪ Weitere Klimaverbesserung

Offene Kommunikation, auch mit externer Unterstützung, ist Voraussetzung für die Bewältigung dieser Teamphase. Im Fokus der Teamarbeit sollten die wahrgenommenen Schwierigkeiten stehen. Dabei sind alle Wortmeldungen wichtig. Ziel der Auseinandersetzung mit diesen Problemen ist nicht nur die Einzellösung, sondern die Entwicklung von Spielregeln, die künftig gelten und nach Möglichkeit verhindern sollen, dass das Team in die Storming-Phase zurückfällt.

To Do´s in der Norming-Phase

Der Weg ist das Ziel: Achten Sie das „Wie" des Miteinanders genau so wie das Ziel.

Finden Sie die Pole im Team. Suchen Sie die Aufgabe, die das Komplementäre braucht, und führen Sie diese Pole zusammen.

Fragen und suchen Sie nach Spielregeln.

Werden Sie nicht müde, die Einhaltung der Spielregeln einzufordern.

Argumentieren Sie mehr auf der Beziehungsebene als bisher – dabei stets Bezug nehmen auf die Teamziele.

■ Performing

Dies ist die Phase, in der das Team den Zustand der Reife erreicht hat. Das Wir-Gefühl erreicht ein neues Niveau und die Mitarbeiter sind froh, aktive Teile des Teams zu sein. Es existiert ein starkes Selbstvertrauen der Teammitglieder in sich selbst und in das Team. Mit diesem Rückenwind werden neue Herausforderungen selbstbewusst in Angriff genommen. Die erreichten Ergebnisse sind Anlass zu Stolz und gegenseitiger Ansporn zugleich.

Folgende Merkmale kennzeichnen die Performing-Phase:

Vorgänge	Erleben
▪ Ideenreiche, flexible Arbeitsweise ▪ Offenes, freundschaftliches Klima ▪ Zielerreichung bzw. sehr gute Auftragserfüllung	▪ Starkes Wir-Gefühl und Identifikation ▪ Stolz auf eigene Leistungen und die des Teams ▪ Eigene Ziele gehen in den Teamzielen auf
Verhalten	**Bedürfnisse**
▪ Starke Nutzung informeller Informationswege ▪ Gemeinsame Freizeitaktivitäten ▪ Hilfsbereitschaft gegenüber anderen im Team	▪ Wunsch nach der Aufrechterhaltung der Teamstruktur ▪ Wunsch nach Sicherung des Klimas ▪ Auftragserweiterung

Das Arbeitsklima zeichnet sich durch eine hohe Sach- und Personenorientierung aus.

Die Führungstätigkeit ist jetzt mehr von der Person des Leaders gelöst. Sie kann je nach Diskussionsstand auf andere Mitarbeiter übertragen werden. Es gilt das Prinzip der gemeinsamen Verantwortung für die Ergebnisse – sowohl für Erfolge als auch für Rückschläge.

TO DO´S IN DER PERFORMING-PHASE

Hinterfragen Sie die Spielregeln. Sie wurden bestimmt, um dem Team zu helfen. Können Sie es heute immer noch? Lassen Sie eine Entwicklung der Regeln zu – das Team entscheidet.

Achten Sie jedoch auf die Einhaltung der Spielregeln. Es macht Sinn, dass diese bestimmt wurden.

Regen Sie stets Weiterentwicklung an.

Lassen Sie es zu, dass die Erfolge gefeiert werden.

Lassen Sie es nicht zu, dass man es sich auf den Lorbeeren gemütlich macht.

Die beschriebenen vier Phasen laufen nahezu gesetzmäßig in allen Teams ab. Es kann zwar Einfluss auf die Art und Weise der Bewältigung genommen werden – zu vermeiden sind diese Phasen allerdings kaum.

Besonderes Augenmerk ist auf die Handhabung der Storming-Phase zu richten. Denn bei nicht adäquater Bewältigung dieser Phase ist zu befürchten, dass sich das Team auflöst oder einzelne Kompetenzträger es verlassen.

> **Zusammenfassung**
>
> Teams durchlaufen in ihrer Entwicklung die vier Phasen
>
> - Forming,
> - Storming,
> - Norming,
> - Performing.
>
> Jede dieser Phasen zeichnet sich durch Besonderheiten aus, die fast immer auf ähnliche Weise auftreten.
>
> Diese Phasen gehen fließend ineinander über und können sich überlappen. Auch Rückschritte sind unter Umständen möglich.
>
> Aufgabe der Teamleader ist es, das Team in der Bewältigung dieser Phase zu unterstützen. Dabei gilt es, den Besonderheiten der aktuellen Phase Rechnung zu tragen.
>
> Das Durchlaufen dieser Phasen ist nahezu gesetzmäßig. Ein Team kann bei der Bewältigung unterstützt werden. Jedoch ist es kaum möglich, deren Auftreten gänzlich zu verhindern.
>
> Dementsprechend ist der Teamentwicklung neben der eigentlichen Aufgabenbearbeitung in allen Entwicklungsphasen genügend Raum zu geben, um ein Scheitern des Teams zu verhindern.

Coaching

Coaching ist ein Instrument, mit dem die Leistungen des Teams als Ganzes verbessert oder die Kompetenzen und Fähigkeiten des Teamleaders oder auch jedes einzelnen Mitarbeiters entwickelt werden können.

Coaching beschränkt sich nicht auf die Entwicklung von fachlichen und methodischen Kompetenzen. Ebenso können Aspekte wie Motivation oder individuelle Entwicklungsziele mithilfe des Coachings gefördert werden. Im Teamcoaching wird mit dem gesamten Team, im Einzelcoaching mit einzelnen Personen gearbeitet. Eine dritte Variante des Coaching kann Bestandteil der Führungsarbeit sein, die ein Teamleader leistet.

In den Coaching-Prozess eingebunden sind der Berater, der als Coach bezeichnet wird und die zu coachenden Personen, die Coachees.

> Coaching ist eine Beratung, die hoch individualisiert auf den/die Coachees ausgerichtet ist. Es geht um eine nachhaltige Unterstützung der Zielerreichung des Gesamtteams oder des Einzelnen.

Es gibt drei Formen des Coachings, von denen ein Team profitieren kann:

COACHING-FORMEN

Teamcoaching:	Einzelcoaching:	Als Führungsaufgabe:
Externer Coach arbeitet mit dem gesamten Team	Externer Coach arbeitet mit dem Teamleader oder mit einzelnen Mitarbeitern	Teamleader fungiert als Coach für seine Mitarbeiter

▪ Teamcoaching

Im Arbeitsalltag müssen konkrete Probleme und Konflikte bewältigt werden. Teamcoaches sind bestrebt, ein Team bei der Zielerreichung und der Entwicklung beratend zur Seite zu stehen.

Ziele des Teamcoachings sind:
- Unterstützung des Teams bei der Zielerreichung
- Entwicklung des Teamklimas
- Entwicklung und Anerkennung der Teamrollen
- Konfliktmediation als Musterlösung für den Umgang mit Konflikten
- Arrangieren von Trainings zur Teamentwicklung
- Hilfestellung bei der Entwicklung von Fähigkeiten der Teammitglieder
- Begleitung, wenn Team-Spielregeln entwickelt werden

Teamcoachings sind immer dann angezeigt, wenn die Teamentwicklung, besonders in kritschen Phasen, stagniert, aber ebenso, wenn die Teammitglieder das Bedürfnis haben, die Zusammenarbeit und Kommunikation zu verbessern.

TYPISCHE ANLÄSSE FÜR DEN BEGINN EINES TEAMCOACHINGS SIND:
- Stress und Konkurrenzdruck - Mangelhafte Kommunikation und Kooperation - Fehlende Konfliktbereitschaft - Mangelnde Entscheidungsfähigkeit - Fehlendes Wir-Gefühl - Unzureichendes Methodenwissen - Unklare Rollendefinitionen - Fehlende Zielorientierung - Sonstige zwischenmenschliche Konfliktfelder

Team-Coachings werden von externen Beratern und Trainern durchgeführt. Dies hat den Vorteil, dass weder politische noch hierarchische Faktoren den Coaching-Prozess gefährden können. Zudem hat ein außenstehender Beobachter mehr Abstand zur Sache.

Die Inhalte des Teamcoachings bewegen sich auf den folgenden drei Ebenen:
- Reflexion des eigenen Verhaltens und des Teamgeschehens
- Gruppendynamische Prozesse
- Umgang mit Konflikten

Zur Selbstreflexion wird einerseits das Team als Ganzes, andererseits jeder einzelne Mitarbeiter angehalten. Auf der individuellen Ebene werden Fragen wie „Wie wirke ich auf andere und was löst mein Verhalten bei anderen aus?" oder „Was bedeutet mein Verhalten für das Team als Ganzes?" offen reflektiert. Diese Vorgehensweise entspricht zwar nicht dem Teamalltag, berührt aber grundlegende Verhaltensmuster des Einzelnen im Team, die für den Teamerfolg von Bedeutung sind.

Auf der Ebene des Teams wird der Umgang miteinander, die Art und Weise des Kommunizierens und des Zusammenarbeitens thematisiert. „Wie gehen wir miteinander um?", „Wie geben wir uns Feedback?", „Was macht unser Team eigentlich aus?" sind typische Fragen zur Selbstreflexion eines ganzen Teams. Dies dient insbesondere zur Standortbestimmung. Denn Maßnahmen zur Veränderung oder Vereinbarungen können nur dann sinnvoll getroffen werden, wenn sie vom augenblicklichen Standpunkt des Teams aus geschehen und nicht irgendeinem Idealbild verpflichtet sind.

Um die gruppendynamischen Prozesse innerhalb des Teams entdecken und bearbeiten zu können, müssen Verhaltensmuster und Angewohnheiten offen gelegt werden, die sich unmittelbar auf die Beziehungen im Team auswirken und gleichzeitig von diesen beeinflusst werden. Machtstrukturen, Rollenverteilungen und Cliquenbildung sind Phänomene, die in jedem Team ablaufen und auch sinnvoll sein können. Im Teamtraining werden die vorhandenen Rollen offen gelegt und hinterfragt, Alternativen entwickelt und probiert. Somit haben die Teammitglieder die Möglichkeit, selbst zu sehen und zu entscheiden, wie viel sie von ihrer Teamrolle behalten wollen oder ob es Alternativen gibt, die attraktiv genug sind, eine Verhaltensänderung durchzuführen.

Die Entwicklung von Spielregeln für den Konfliktfall soll nicht für eine dauerhafte und unbedingte Harmonie sorgen, sondern eine Streitkultur ermöglichen, die aus Konflikten lernen lässt. Konflikte werden zu diesem Zweck innerhalb des Teamcoachings exemplarisch gelöst und anschließend werden Spielregeln abgeleitet, die für die Lösung eines jeden Konfliktes als beispielhaft gelten können – unabhängig davon, wie die inhaltliche Lösung aussehen wird. Voraussetzung dafür ist zuallererst, dass eine Teamkultur entwickelt wird, die es ermöglicht, sich Konflikten zu stellen und zu eigenen Fehlern zu stehen. Den Mut aufzubringen, sich mit Konflikten zu konfrontieren, fällt dem Einzelnen leichter, wenn vorgelebt wird, dass eine konstruktive Konfliktbearbeitung möglich ist und die Spielregeln entsprechend eingehalten werden.

Methodisch stützen sich Teamcoachings auf drei Säulen:

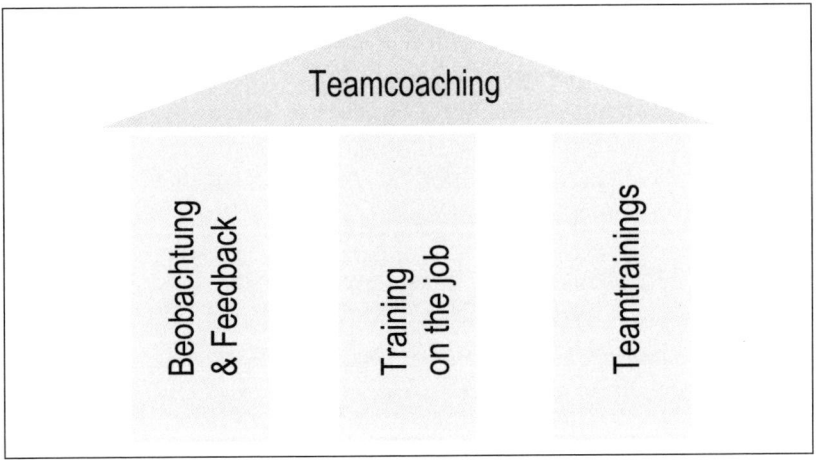

Abbildung: Die drei Säulen des Teamcoachings

BEOBACHTUNG & FEEDBACK

Teamcoaches können sich zur Beobachtung im Team aufhalten. Sie werden in dieser Zeit sehr zurückhaltend sein und ihre Eindrücke zunächst nur aufnehmen. Hierbei kommen oft standardisierte Teambeobachtungsbögen zum Einsatz. Die Rückmeldung der Beobachtungen und deren Auswertung erfolgt dann in gesonderten Workshops.

Die Beobachtung kann sich dabei auf folgende Dimensionen beziehen:

- Führungsqualität
- Integration in die Gesamtorganisation

- Konfliktmanagement
- Qualifikation und Kompetenzen
- Organisation und Arbeitsmethoden
- Kommunikation und Arbeitsklima
- Zielorientierung
- Engagement

Wie sich Teams auf diesen acht Dimensionen verhalten, beeinflusst das Teamgeschehen grundlegend. Die Rückmeldung durch einen Teamcoach sensibilisiert die Mitarbeiter dafür, wie sie miteinander umgehen und arbeiten. Dieser Schritt ist wichtige Voraussetzung dafür, dass Veränderungsmaßnahmen eingeleitet werden können – denn wird verstanden, was passiert, dann wird auch bewusst, was es bewirkt. Und ausgehend von den Wirkungen können Handlungsalternativen entworfen werden.

TRAINING ON THE JOB

Im „Training on the job" werden die Mitarbeiter einzeln oder in Subgruppen vom Coach begleitet. Sie erhalten sofort nach bestimmten Handlungssequenzen Feedback und werden vor Ort andere Lösungsvorschläge ausarbeiten und auf ihre Wirksamkeit hin testen.

Diese Methode bietet sich besonders für Mitarbeiter an, die oft internen und externen Kundenkontakt haben oder häufig untereinander Interessen und Teilziele abstimmen müssen.

TEAMTRAINING

Teamtrainings finden bewusst nicht im Alltag des Teams statt, sondern werden zeitlich und örtlich aus dem Unternehmen herausgenommen. Unbekannte Rahmenbedingungen sind das Setting, in dem sich evtl. eingeschliffene unproduktive Routinen nicht einstellen, weil die dafür verantwortlichen Auslöser nicht vorhanden sind bzw. unter einem neuen Blickwinkel wahrgenommen werden. Sie werden von einem externen Berater und Trainer durchgeführt. Dessen neutrale „Schiedsrichter-Position" ermöglicht neue Sichtweisen. Außerdem kann er aus dieser besonderen Perspektive heraus „Stop-Zeichen" setzen, um destruktive Handlungssequenzen zu unterbrechen und alternative Verhaltensweisen zu suchen.

Auf der Teamebene ist es das Ziel, dass sich die Akteure im Team zu einem handlungsorientierten Ganzen formieren können und sich ein starkes Wir-Gefühl etabliert – es wird eine Teamidentität gesucht und geformt. Das Bewusstsein um die Einzigartigkeit des Teams und eine gemeinsame lebendige Vision, verbunden mit einem deutlichen Teamprofil, erleichtern dies.

Die Teamidentität wird aus vier Feldern gespeist, die untereinander wechselseitig miteinander verknüpft sind:

- Werte des Teams
- Umfeld des Teams
- Können des Teams
- Verhalten innerhalb des Teams

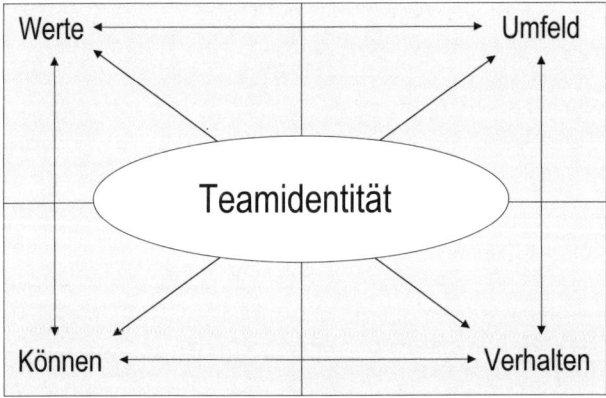

Abbildung: Die Quellen der Teamidentität

Teamtrainings befassen sich mit der Entdeckung der aktuellen Teamidentität genauso wie mit dem gewünschten Soll-Zustand. Der Abgleich zwischen Soll und Ist wird dann Ausgangspunkt dafür, Maßnahmen, die zur Erreichung des gewünschten Soll-Zustandes beitragen, zu entwickeln.

Teamtrainings berühren zwei Ebenen: Die Ebene des gesamten Teams und die Ebene der einzelnen Mitarbeiter.

Trainiert werden auf der Teamebene:

- Bewusstheit individueller Stärken
- Nutzung der Komplementarität
- Klarheit über die Einmaligkeit eines jeden Einzelnen und des Teams in seiner Formation
- Kooperationswille

Auf der Ebene des Mitarbeiters steht das einzelne Teammitglied als Basis erfolgreicher Teamarbeit im Mittelpunkt. Die realitätsgerechte Standortbestimmung eigener Stärken und Entwicklungsmöglichkeiten sowie die Reflexion des eigenen Verhaltens bilden die Grundlage für die Trainingsziele auf dieser Ebene.

Trainingsziele auf der Individualebene sind:

- Individuelle Selbstverantwortung stärken
- Commitment klären und stärken
- Kreativität fördern
- Persönliche Wirkungsweisen hinterfragen
- Techniken zur Stressbewältigung verbessern

OUTDOOR-TRAINING

Eine weit verbreitete Form des Teamtrainings soll hier exemplarisch genannt werden: das Outdoor-Training. In ungewohnter Umgebung, z. B. im Wald oder im Gebirge, werden alle Sinnesqualitäten angesprochen. Das Lernen findet darum auf einer ganzheitlichen Ebene statt. Die Erfahrungen sprechen Körper und Geist zugleich an und werden so wesentlich besser abgespeichert und erinnert als ein Frontalunterricht. Es finden „Aha-Erlebnisse" statt, die die Grundlage für neuartige Erkenntnisse und nachhaltige Entwicklung bilden.

Die Outdoor-Übungen sind nicht alltagstypisch, haben aber alle eine Gemeinsamkeit: Sie sind im Team besser oder überhaupt erst lösbar.

Damit enthalten diese Übungen berufsrelevante Anforderungen. Die Teilnehmer sind angehalten, ihre scheinbar gegensätzlichen Eigenschaften miteinander zu kombinieren, um die Aufgaben zu lösen.

Das Team wird zum Beispiel vor die Aufgabe gestellt, gemeinsam ein Floß zu bauen, das alle Mitarbeiter zusammen über einen Fluss transportieren soll. Die Aufgabenstellung steht dabei symbolisch für den Teamauftrag. Die Mitarbeiter werden nun überlegen, wie dies mit vorhandenen Hilfsmitteln möglich ist. Dabei tauchen verschiedene Ideen auf. Für den Teamcoach ist dabei nicht das Ergebnis entscheidend, sondern *wie* mit den unterschiedlichen Ideen umgegangen wird, *wer* die Diskussion *wie* führt, ob es Sprecher gibt, ob sich jemand aus der Lösungssuche zurückzieht etc.

Die individuellen Verhaltensweisen werden nach der Übung gemeinsam reflektiert und es wird nach Parallelen im Arbeitsalltag gesucht. Die für das Team und einzelne Mitarbeiter typischen Verhaltensweisen werden herausgearbeitet und es wird überdacht, inwiefern sie für das Team förderlich oder hinderlich sein können. Gemeinsam wird überlegt, wie in ähnlichen Situationen anders verfahren werden kann, um das Auftreten der hinderlichen Verhaltensweisen zu minimieren und das förderliche Verhalten weiter zu stärken.

Das Erlernte soll in den nächsten Teamübungen gleich angewendet werden, um zu erfahren, welche Wirkungen andere Verhaltensweisen auf den Teamprozess und das Ergebnis haben. Festgehalten werden daraus letztlich Spielregeln, die das Erlernte sicher und stabil in den Arbeitsalltag transferieren sollen.

Neben den inhaltlichen Erkenntnissen ermöglicht das Beisammensein unter freiem Himmel, andere Mitarbeiter näher und anders als bisher kennen zu lernen. Die mit dem Training verbundenen gemeinsamen Freizeitaktivitäten führen zusammen und ermöglichen Nähe. Es entsteht eine neue Qualität des Miteinanders und damit ein deutlich verbessertes Teamklima.

In einem weiteren Schritt werden Handlungspläne für die nächsten Wochen und Monate erstellt. Darin enthalten sind die Maßnahmen, die sich aus den Trainingsergebnissen ableiten lassen. Diese Handlungspläne können verfolgt werden und in Follow-ups kann beurteilt werden, inwieweit sie realisiert wurden.

Typische Ergebnisse eines Teamtrainings sind

- ein verbessertes Teamklima,
- Spielregeln für den Arbeitsalltag,
- anwendbare Konfliktlösetechniken.

Situationen, in denen ein Teamtraining sinnvoll erscheint, können z. B. sein:

Forming-Phase
- Neubildung eines Teams
- Veränderungen in der Teamzusammensetzung
- Neueinführung in die Teamleader-Position

Storming-Phase
- ineffektive Teamarbeit
- schlechtes Arbeitsklima
- Konflikthäufung
- Cliquenbildung

Norming-Phase
- Schwierigkeiten bei der Definition von Spielregeln
- Unterstützung zum Kennenlernen
- Wunsch nach effektiveren Arbeitsmethoden

Performing-Phase
- Sicherung des Erfolges durch Standortbestimmung
- Hinterfragen bestehender Rollen und Verhaltensmuster
- Übernahme neuer, höherwertiger Aufgaben

Team-Coachings werden von voraussehenden Teamleadern immer häufiger noch vor der Forming-Phase als Kick-off-Veranstaltung initiiert. Hier können sich die Teammitglieder besser kennen lernen, Leitgedanken der Zusammenarbeit definieren und sich für die Routinearbeit motivieren.

> **Zusammenfassung**
>
> Teamcoachings dienen der Verbesserung der Zusammenarbeit des Teams. Im Vordergrund steht dabei nicht die Lösung des Teamauftrags, sondern es sollen Bedingungen geschaffen werden, unter denen das Team am besten arbeiten kann. Unter externer Begleitung werden
>
> - das Teamklima verbessert,
> - Spielregeln entwickelt,
> - Konfliktlösetechniken eingeführt.
>
> Dazu werden vom Teamcoach Beobachtungen durchgeführt und per Feedback mitgeteilt, Teamübungen durchgeführt und Verhaltensalternativen „on the job" trainiert.

Einzelcoaching

Das Einzelcoaching wird von einem externen Coach mit dem Coachee gemeinsam durchgeführt. Profitieren können davon sowohl Führungskräfte als auch Mitarbeiter.

Ziel des Coaches ist es, den Coachee zur bestmöglichen Leis-tung zu führen, ohne selbst an deren Ausführung beteiligt zu sein. Der Coach muss nicht der bessere Spieler sein: Welcher Trainer im Sport erbringt eine bessere Leistung als sein Schützling? Trotzdem werden alle Spitzensportler ihrem Trainer einen hohen Anteil an ihrem Erfolg zusprechen.

Die Bereitschaft zum Coaching und zur eigenen Weiterentwicklung und Veränderung ist erste Voraussetzung für ein erfolgreiches Coaching. In vielen Lebensbereichen sind Menschen schnell bereit, jemanden darum zu bitten, Ihnen Tipps zur Verbesserung zu geben: „Kannst Du mal meinen Abschlag beim Golfen beobachten? Bestimmt entdeckst Du etwas, worauf ich achten muss!" Die wenigsten jedoch werden sich vorstellen können, mit einer ähnlichen Bitte zu Ihrem Vorgesetzten zu gehen.

Hinzu kommt, dass in den Köpfen der meisten Vorgesetzten noch immer die Vorstellung herrscht, dass der Chef der Beste in allem sein muss, um als Vorbild fungieren zu können. Diese Haltung fördert jedoch eher Konkurrenzdenken und Rivalität statt Teamgeist und Veränderungsbereitschaft. Herrscht ein solches Verständnis von Hierarchie, wird ein Coaching durch externe Coaches und Trainer die einzig mögliche Form sein.

Der Coaching-Prozess durch einen externen Coach verläuft wie folgt:

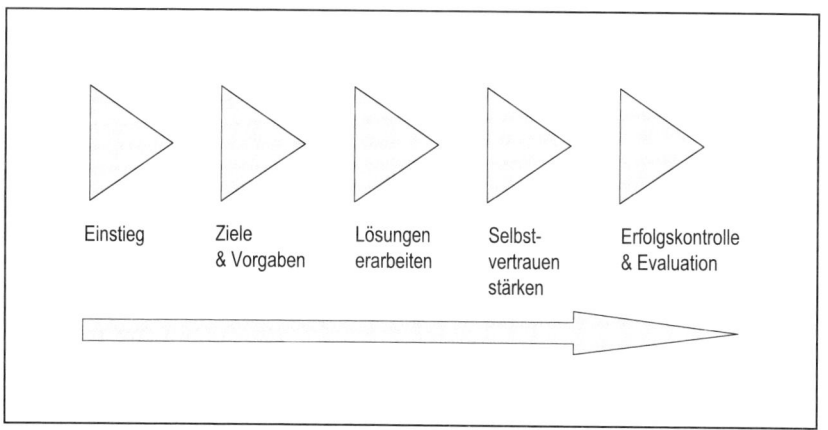

Abbildung: Die Phasen des Coaching-Prozesses

EINSTIEG IN DAS COACHING

Mitarbeiter und Teamleader werden selten direkt den Wunsch äußern, gecoacht zu werden. So kann der Einstieg in das Coaching an die Übernahme neuer Funktionen und Aufgaben geknüpft werden oder

der Teamleader rät einem Mitarbeiter ein solches an. Dabei spielt die Definition eines detaillierten Anforderungsprofils für die neue Herausforderung eine zentrale Rolle – dies ist die Messlatte, auf die sich die Coaching-Arbeit beziehen wird.

Ebenfalls Anlass für ein Coaching ist der Bedarf an externer Beratung in der Storming-Phase der Teamentwicklung, die ohne Unterstützung nicht bewältigt werden kann. In diesem Falle wird sich die Coachingtätigkeit auf das Führungsverständnis und die damit verbundenen Kompetenzen des Teamleaders richten. Im Falle der problematischen Storming-Phase kann noch eine zweite Coaching-Form, die des Team-Coachings, angezeigt sein (siehe hierzu das Kapitel „Teamcoaching").

ZIELE UND VORGABEN

Zu Beginn werden die Voraussetzungen des Coachees im Hinblick auf die Erfüllung des Anforderungsprofils beurteilt. Diese Einschätzung erfolgt z. B. durch das 360-Grad-Feedback (s. Kapitel Toolbox: „Tool 5: Feedback geben und nehmen"), durch Selbsteinschätzung oder die Verhaltensbeobachtung durch den Coach.

In dieser Phase werden die Ziele erarbeitet, die mit dem Coaching verwirklicht werden sollen und Maßnahmen bestimmt, die der Zielerreichung dienen. Die Ziele orientieren sich am definierten Anforderungsprofil, die Maßnahmen an der wahrgenommenen Diskrepanz zwischen Ist und Soll.

LÖSUNGEN ERARBEITEN

In der dritten Phase werden unter Berücksichtigung der individuellen Voraussetzungen, der Rahmenbedingungen und des persönlichen Lernstils Lösungen erarbeitet. Es wird ein Handlungsplan entwickelt. Dieser dient dem Coachee als Entwicklungsplan, enthält die vereinbarten Aktivitäten und Termine. Für den Coach ist der Handlungsplan Erfolgskontrolle, wenn im Nachhinein die Ergebnisse daraufhin bewertet werden, inwieweit die Ziele erreicht wurden.

Persönlicher Entwicklungsplan für: Zeitraum: von bis	
Das sind die Stärken, die ich beibehalten will: 1. 2. 3.	Das sind die Schwächen, die ich abbauen will: 1. 2. 3.
Das will ich zur Erhaltung meiner Stärken tun: 1. 2. 3.	Das werde ich tun, um mit meinen Schwächen kontrolliert umzugehen: 1. 2. 3.
An diesen Problemen werde ich arbeiten: 1. 2. 3.	Im Seminar
	On the Job
	Literatur

SELBSTVERTRAUEN STÄRKEN

Nach der Beendigung des Coaching-Prozesses soll der Coachee dazu in der Lage sein, mithilfe der neu erworbenen Kompetenzen neuen Anforderungen selbstständig gerecht zu werden. Dazu ist nicht nur die Entwicklung der entsprechenden Kompetenzen, sondern auch das Vertrauen in die eigene Person notwendig.

Der Coachee muss erfahren, dass seine neuen Verhaltensweisen funktionieren, seine Ziele erstrebenswert sind und dass er als Person ernst genommen und geschätzt wird.

ERFOLGSKONTROLLE UND EVALUATION

Zum Abschluss des Coachings wird bewertet, in welchem Maße die Ziele erreicht wurden bzw. wie die vereinbarten Maßnahmen umgesetzt wurden.

In dieser Phase ist es wichtig, dass der Coachee abschließend die Anerkennung für das, was er geleistet hat, bekommt. Außerdem sollte noch einmal über das persönliche Wertesystem des Coachee und darüber, welche Relevanz es für die angestrebten Ziele hat, reflektiert werden. Nur wenn Ziele und Wertesystem miteinander vereinbar sind, ist gewährleistet, dass sich die neuen Verhaltensweisen auch in schwierigen Situationen bewähren können.

Gleichzeitig sollten dem Coachee Instrumente und Rituale zur regelmäßigen Selbstkontrolle vermittelt werden, die dazu geeignet sind, jederzeit Diskrepanzen zwischen Anspruch und Wirklichkeit aufzudecken, um darauf reagieren zu können.

Solche Instrumente können z. B. das 360-Grad-Feedback, andere Feedback-Formen, die Ergebnisse von Beurteilungssystemen und Mitarbeitergesprächen sein. Hilfreich kann das Erinnern der Coaching-Ziele und der damit verbundenen Maßnahmen sein.

■ Coaching als Führungsaufgabe

Mitarbeiter werden in dieser Coachingform von ihrem direkten Vorgesetzten gecoacht. Der Teamleader nimmt die Führungsaufgabe temporär wahr. Dabei widmet er sich besonders seinem Coachee, indem er dessen individuelle berufliche Weiterentwicklung als einen zentralen Punkt in seinem Führungsverständnis verankert.

Diese Konstellation hat Vor- und Nachteile, die bei der Entscheidung für diese Coachingform berücksichtigt werden sollten:

Internes Coaching	
Vorteile	Nachteile
• Gute Kenntnis der Rahmenbedingungen des Coachees • Genaue Kenntnis des Aufgabenbereiches des Coachees • Adäquates Verständnis der persönlichen Voraussetzungen des Coachees • Deutliche Sicht darauf, wie persönlicher Erfolg mit Teamerfolg verknüpfbar ist	• Durch täglichen Kontakt evt. eingeschränkte Offenheit • Selektive Wahrnehmung durch vorgezeichnetes Bild im Kopf des Coaches • Reflexion auf private Lebensbereiche häufig nur am Rande • Coach ist in die Handlungspläne involviert – Neutralität ist schwer zu gewährleisten

Sind diese Besonderheiten bekannt, können sie bewusst zur Relativierung des Coaching-Anspruches genutzt werden. Unter diesen Voraussetzungen können die Vorteile des internen Coachings sinnvoll genutzt werden und die „klassische" Führungsarbeit damit ergänzt werden.

SO COACHEN SIE MITARBEITER

Finden Sie zunächst heraus, an welchem Punkt der beruflichen Entwicklung Ihr Mitarbeiter steht. Eine grobe Klassifizierung ist nach dem im folgenden dargestellten System möglich.

Aus dieser Übersicht wird deutlich, dass sich die vier Entwicklungsstufen aus der Kombination von Engagement und Fähigkeiten ableiten lassen.

ENTWICKLUNGSSTUFEN VON MITARBEITERN

Entwicklungsstufe 1 E: − F: −	Der Mitarbeiter ist in seiner fachlichen Qualifikation noch nicht genügend vorangeschritten, um die neue Aufgabe zu erfüllen. Die Motivation ist ebenfalls nicht hoch.
Entwicklungsstufe 2 E: + F: −	Der Mitarbeiter ist motiviert und bereit, Leistung zu zeigen, allerdings fehlt ihm noch die fachliche Kompetenz, um die neue Aufgabe erfüllen zu können.
Entwicklungsstufe 3 E: − F: +	Der Mitarbeiter hat die Kompetenzen, die Aufgabe zu erfüllen, ihm fehlt es jedoch noch am notwendigen Engagement.
Entwicklungsstufe 4 E: + F: +	Der Mitarbeiter verfügt über die fachliche Kompetenz sowie über ein hohes Engagement, die vorgesehene Aufgabe zu übernehmen.

E = Engagement; F = Fachliche Entwicklung

Bitte beachten Sie: Eine solche Klassifizierung ist lediglich ein Anhaltspunkt und ein Grobraster. Ein Mensch ist wesentlich mehr als eine Entwicklungsstufe. Hinzu kommt, dass derselbe Mitarbeiter in unterschiedlichen Situationen oder Aufgaben sehr unterschiedlich ausgebildete Verhaltensweisen zeigen kann.

Diesen Entwicklungsstufen lassen sich vier situativ unterschiedliche Führungsstile zuordnen. Im Modell der situativen Führung[2] werden sie beschrieben als

- unterweisender Stil,
- anleitender Stil,
- unterstützender Stil,
- delegierender Stil.

---

[2] nach Hersey / Blanchard

R. Niermeyer, Haufe-Verlag

Nutzen Sie zur Einschätzung der Fähigkeiten eines Mitarbeiters folgende Checkliste und definieren Sie den passenden Führungsstil:

Fähigkeit/Engagement

Fähigkeit

- Kann der Mitarbeiter ihm aufgetragene fachliche Problemstellungen eigenständig lösen?
- Gibt es ein Wissensdefizit, das ausgeglichen werden muss, bevor die neue Aufgabe angegangen wird?
- Arbeitet der Mitarbeiter selbstständig?
- Sucht der Mitarbeiter berufliche Entscheidungen oder meidet er sie?
- Ist die Teamfähigkeit des Mitarbeiters genügend ausgeprägt?

Engagement

- Ist der Mitarbeiter in der Lage, seine Rolle im Team/als Teamleader klar zu definieren?
- Setzt der Mitarbeiter sich gerne mit neuen Aufgaben auseinander?
- Verfügt der Mitarbeiter über eine hohe Leistungsbereitschaft?
- Ist der Mitarbeiter belastbar?
- Hat er die Grenzen seiner Belastbarkeit erreicht oder verfügt er über Reserven?
- Welche Motive spornen den Mitarbeiter zur Leistung an?
- Sucht oder meidet der Mitarbeiter Verantwortung

Nach der Beantwortung dieser Fragen sollte die grobe Zuordnung zu einer der Entwicklungsstufen möglich sein. Wichtig ist, die Frage-

Teamarbeit: Führung u. Erfolge sichern

stellung auf zukünftige Situationen mit Entwicklungsanreiz zu richten und nicht nur auf aktuell zurückliegende.

Die Verknüpfung des situativ angemessenen Führungstils mit der aktuellen Entwicklungstufe des Mitarbeiters kann über eine Vier-Felder-Tafel erfolgen.

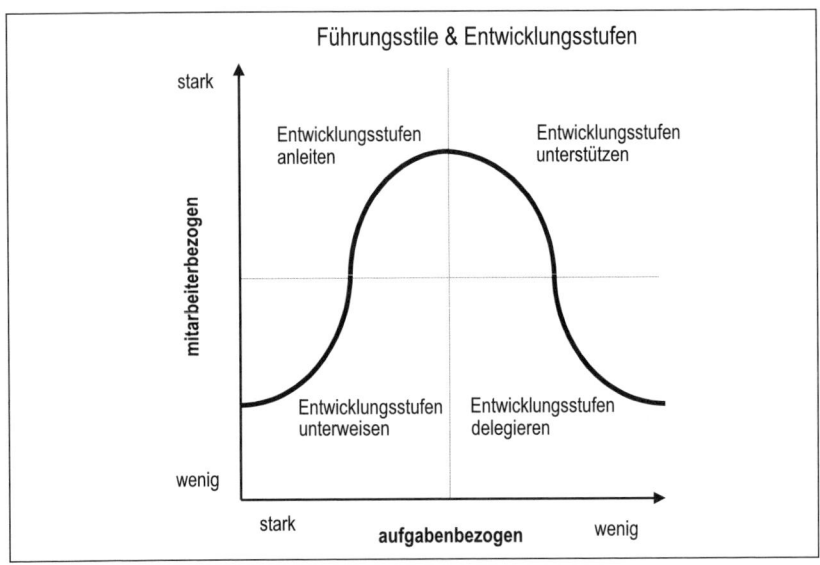

Abbildung: Zusammenhang zwischen Entwicklungsstufen und Führungsstilen

DER UNTERWEISENDE STIL

Die Führung und das Coaching des Mitarbeiters ist sehr stark an seinen Aufgaben zu orientieren. Das Führungsverhalten wird sich darauf fokussieren, den Mitarbeiter bei seinen Aufgaben zu unterweisen und zu kontrollieren. Ziel ist dabei, im Laufe der Zeit Selbstvertrauen aufzubauen, um den Coachee zur Entwicklungsstufe 2 zu führen.

DER ANLEITENDE STIL

Der Vorgesetzte leitet und überwacht die Aufgabenerfüllung noch recht stark. Der Mitarbeiter engagiert sich jedoch deutlich, darum werden Entscheidungen mit dem Mitarbeiter besprochen und er wird aufgefordert, Vorschläge zu machen. Fortschritte des Mitarbeiters sollten besprochen und anerkannt werden, um sein Engagement zu erhalten.

Der unterstützende Stil

Fachliche Anleitung ist bei Mitarbeitern mit Entwicklungsstufe 3 nicht notwendig. Jedoch muss das Engagement noch entwickelt werden. Darum werden dem Coachee bei Entscheidungen Hilfestellungen angeboten, die ihn ermutigen und fördern sollen. Dieser Stil ist insbesondere zur Bewältigung von Schwierigkeiten und Problemen angezeigt. Der damit verbundene Lerneffekt soll den Mitarbeiter zur Entwicklungsstufe 4 führen.

Der delegierende Stil

Einem Mitarbeiter, der über hoch entwickelte Fähigkeiten und ein hohes Maß an Eigenengagement verfügt, werden die Verantwortung für die zu lösenden Aufgaben und die damit verbundenen Entscheidungen vollständig übertragen.

An dieser Stelle beginnen die Grenzen zwischen dem Coaching und den modernen Führungskonzepten zu verschwimmen. Dies liegt insbesondere daran, dass in beiden Ansätzen, „Coaching" und „Führung", die Mitarbeiter immer mehr als Partner und Menschen mit dem Wunsch nach Weiterentwicklung und Selbstverwirklichung betrachtet werden.

Auf diesem Verständnis basieren sowohl die Idee des Coachings als auch die meisten modernen Führungskonzepte und -instrumente. Zwei davon, die Zielvereinbarung und das Modell der situativen Führung, lassen sich zum „coachenden Führungsstil" vereinen.

Das Modell der situativen Führung ermöglicht es Menschen mit Führungsaufgaben, situativ zu reagieren. Es kommt dem Wunsch des Mitarbeiters nach, gerecht behandelt und dabei gleichzeitig geführt zu werden. Jedoch ist dieses Modell primär gegenwartsbezogen. Vernachlässigt wird hierbei der Wille des Mitarbeiters, sich weiterzuentwickeln.

104 Teamentwicklung

Die Zielvereinbarung integriert das Bedürfnis des Mitarbeiters nach Weiterentwicklung – ein Vorteil gegenüber der situativen Führung.

Menschenbild im coachenden Führungsansatz (Auszug)	„Menschen wollen gerecht behandelt werden."	„Menschen wollen sich entwickeln."
	⇩	⇩
Instrument	Situatives Führungsmodell	Zielvereinbarung
	⇩	⇩
Zusammenführung	Coachender Führungsstil	

Abbildung: Zusammenhang Menschenbild und Führungsstil

Der Coaching-Prozess, der vom Vorgesetzten getragen wird, konzentriert sich also auf die Erreichung der Ziele, die im Rahmen der Zielvereinbarung mit dem Teamleader gemeinsam definiert wurden. Dies umfasst nicht nur die bloße Erfüllung von Aufträgen und Ergebnissen, sondern auch die persönliche Entwicklung des Mitarbeiters im Bereich der Kompetenzen und Verhaltensweisen, die ihn später zur Übernahme noch komplexerer Aufgaben befähigen werden.

In dieser Kombination findet sich letztlich die Synthese aus individuellen Zielen und Teamzielen: Der Einsatz des coachenden Führungsstils unterstützt sowohl die Entwicklungsziele des Mitarbeiters als auch die Zielerreichung des gesamten Teams.

Die Führungsaufgabe in Hochleistungsteams sieht den Teamleader als Coach seiner Mitarbeiter. Ihm fällt die Aufgabe zu, die Teammitglieder in ihrer persönlichen Entwicklung voran zu bringen. Dies gelingt am besten, wenn mit dem Führungs- und Coachingprozess eine Synthese aus Teamzielen und individuellen Entwicklungszielen angestrebt wird.

Somit ergibt sich folgender Regelkreis der „coachenden Führung":

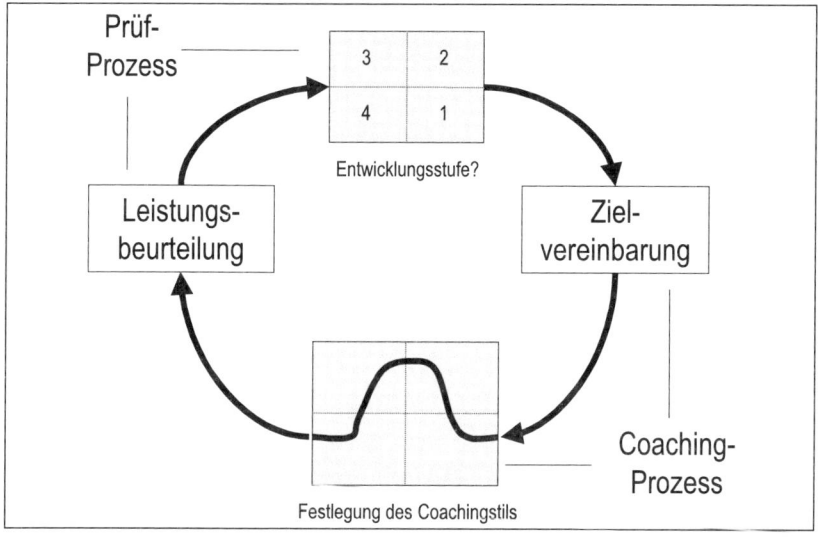

Abbildung: Der Regelkreis der coachenden Führung

Den einzelnen Teilzielen können dabei unterschiedliche Coachingstile zugeordnet werden. Zum Beispiel kann derselbe Mitarbeiter mit seinem Teamleader bei der Aneignung bestimmter Arbeitstechniken den unterweisenden Stil vereinbaren, während er für die Verbesserung der Abstimmung mit einer benachbarten Abteilung aufgrund seiner guten kommunikativen Fähigkeiten die volle Verantwortung übertragen bekommt, also der delegierende Stil zum Einsatz kommt.

Zur Selbstverantwortung führen

Ziel einer modernen Führungsarbeit, die sich den coachenden Führungsstil zunutze macht, ist letztlich, Teams und Mitarbeiter zu weitestgehender Selbstverantwortung zu führen.

Es werden auf allen Hierarchieebenen Menschen benötigt, die die Verantwortung für eigene Ziele und Ergebnisse übernehmen. Das bisherige Modell, das Verantwortung, Kontrolle und Anleitung in einer einzigen Position vereint, kann wegen der damit verbundenen Schwerfälligkeit und Innovationsfeindlichkeit nicht mehr aufrechterhalten werden.

Es werden also nicht mehr nur Aufgaben delegiert, sondern die damit verbundene Verantwortlichkeit und Kompetenz wird im Rahmen der Zielvereinbarung mit an den Mitarbeiter übertragen. Nur so gelingt es, die Aufgabe *wirklich* zu delegieren. Bleibt die Verantwortung beim Teamleader, wird er stets das Gefühl haben, etwas kontrollieren zu wollen. Der Mitarbeiter wird merken, dass alles, was er tut, ohnehin noch einmal gecheckt wird – und wird sich wie ein Kind behandelt fühlen.

Mitarbeiter zur Selbstverantwortung führen heißt für Teamleader, Mut zum Loslassen zu haben und Fehler auszuhalten. Nur über diesen Freiraum können sich Mitarbeiter entwickeln. Der erste Schritt zur Selbstverantwortung ist Vertrauen, das der Teamleader seinem Mitarbeiter entgegenbringt. Auf Vertrauen kann Selbstvertrauen des Mitarbeiters aufbauen und darauf letztlich die Bereitschaft, Verantwortung zu übernehmen, um das Vertrauen auch zu rechtfertigen. So entwickelt sich ein Kreislauf aus Vertrauen und Verantwortung, der sich zunehmend auf immer komplexere Handlungsfelder des Mitarbeiters ausweiten kann.

Dazu gilt es, schrittweise vorzugehen. Bevor Kinder z. B. laufen lernen, können sie zuerst an beiden Händen gehalten stehen. Dafür werden sie gelobt. Gleichzeitig wird man sie anspornen, einen Fuß nach vorne zu setzen. Sie erhalten jetzt wieder Lob und weiteren Ansporn. Man wird sie zunehmend weniger für das alleinige Stehen loben, nach einer gewissen Zeit gar nicht mehr – es ist selbstverständlich geworden. Irgendwann wird man sie fragen können, wohin sie laufen wollen, und sie werden frei in die angegebene Richtung laufen, weil sich dort ein Spielzeug befindet.

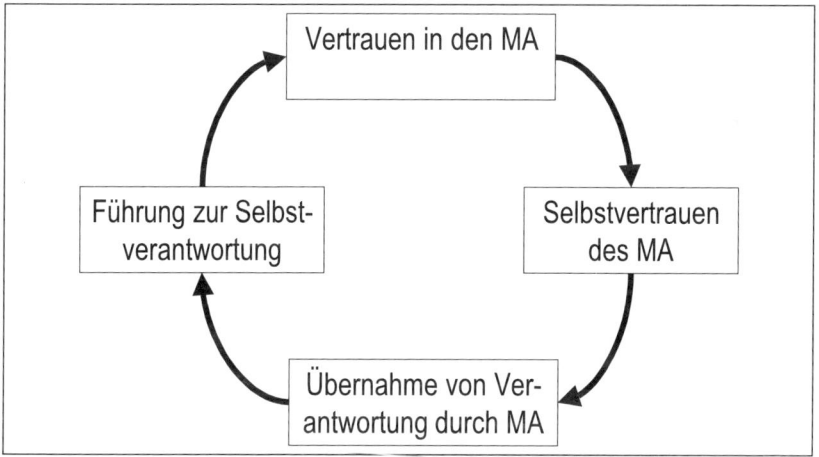

Abbildung: Kreislauf aus Vertrauen und Verantwortung

Mitarbeiter sind keine Kinder. Doch das Prinzip kann übertragen werden: Lob und Anerkennung sollte sich nicht allein auf das Erreichte beziehen, sondern ebenso auf Entwicklungen. Kein Mitarbeiter will für Selbstverständlichkeiten Anerkennung erhalten. Er möchte neue Ziele gesetzt bekommen, Vertrauen spüren, Verantwortung übernehmen können und letztlich für die Erreichung des neuen Ziels anerkannt werden. Auf dem Weg dahin möchte er *nach eigenem Ermessen* unterstützt werden – so wie das Kind, das irgendwann die helfende Hand zum Laufen loslassen wird.

FÜHREN ZUR SELBSTVERANTWORTUNG – TO DO´S

Haben Sie den Mut, Freiraum zu lassen.

Delegieren Sie mit Mut – delegieren Sie Aufgabe *und* Verantwortung.

Lernen Sie, nicht alles zu kontrollieren – lernen Sie Vertrauen.

Loben Sie nicht ständig das Selbstverständliche.

Erkennen Sie die zuletzt gelernten Schritte an.

Spornen Sie zu den nächsten Schritten an.

Halten Sie das Feedback in der Balance zwischen Anerkennung und Kritik.

Halten Sie Fehler aus. Der Lerngewinn ist meist größer als der aktuelle Verlust.

Geben Sie Verantwortung nur dem, der sie auch haben will.

Drei Männer bauten an einer Mauer.
Der erste wurde befragt: „Was machst Du?"
Er antwortete: „Ich lege Steine."
Der zweite wurde befragt: „Was machst Du?"
Er antwortete: „Ich verdiene 10 Taler am Tag."
Der dritte wurde befragt: „Was machst Du?"
Er antwortete: „Ich baue eine großartige Kathedrale."
Welcher Mann sind Sie?
(Charles M. Schwab)

Toolbox

In der folgenden Toolbox finden Sie „Handwerkszeug" für die Führungsarbeit in Teams. Die bisher beschriebenen Modelle und Ideen machen nur dann Sinn, wenn sie in der Praxis entsprechend genutzt werden können. Dazu soll Ihnen unser 5teiliges „Werkzeug-Set" verhelfen – Team- und Führungsarbeit kann auf sehr pragmatischer Ebene gelernt werden!

Tool 1: Ziele vereinbaren

■ Ziele setzen

Sehr oft wird davon ausgegangen, dass jedes Teammitglied weiß, was zu tun ist. Befragt man eine Führungskraft und einen Mitarbeiter, so sind sich beide sicher, welche Ziele vom Mitarbeiter zu verfolgen sind – und mit derselben Sicherheit gibt es in den beiden Schilderungen Differenzen.

Um dies zu verhindern, gilt es Transparenz darüber zu schaffen, welche Ziele und Aufgaben verfolgt werden. Dies in einer systematischen Form und regelmäßig zu gewährleisten, hat für beide, sowohl für den Mitarbeiter als auch für den Teamleader, Vorteile.

Aus der Sicht des Teamleaders bietet ein Zieldialog die folgenden Vorteile:

- schafft Transparenz über die Ziel- und Aufgabenaufteilung in der eigenen Organisationseinheit
- ermöglicht planvolles Handeln
- deckt Zielkonflikte auf
- stärkt Leistungs-, Kosten- und Terminbewusstsein
- fördert die Eigeninitiative
- ermöglicht eine objektive Leistungsbeurteilung
- konkretisiert Weiterbildungs- und Entwicklungsbedarf
- intensiviert und verbessert die Kommunikation
- ermöglicht bessere Abstimmung untereinander und mit anderen Bereichen

Auch für den Mitarbeiter sind mit einem klaren Zieldialog deutliche Vorteile verbunden:

- offene Rückmeldung über die Einschätzung der eigenen Leistung
- Diskussion mit dem Teamleader über Aufgaben, Ziele und Handlungsspielräume wird möglich
- Transparenz über die Erwartungen an die eigene Person und die Zielsetzungen der Firma und des Teams wird geschaffen
- Sicherheit durch fortlaufende Standortbestimmung
- Erfolgserlebnisse dadurch, dass Teilziele erreicht werden
- Selbstbestätigung durch die Bewältigung anspruchsvoller Aufgaben
- Selbstverwirklichung durch gezielte Kompetenzentwicklung
- selbstständiges Handeln und Selbststeuerung wird möglich gemacht

Damit Ziele dem tägliche Tun Sinn geben können, müssen sie einen klaren Bezug zu den Zielen des Teams und letztlich zu denen des Unternehmens haben. Schritt für Schritt können aus umfassenden, eher abstrakten Zielen des Unternehmens individuelle Ziele für jeden Mitarbeiter bestimmt werden.

Tool 1: Ziele vereinbaren 111

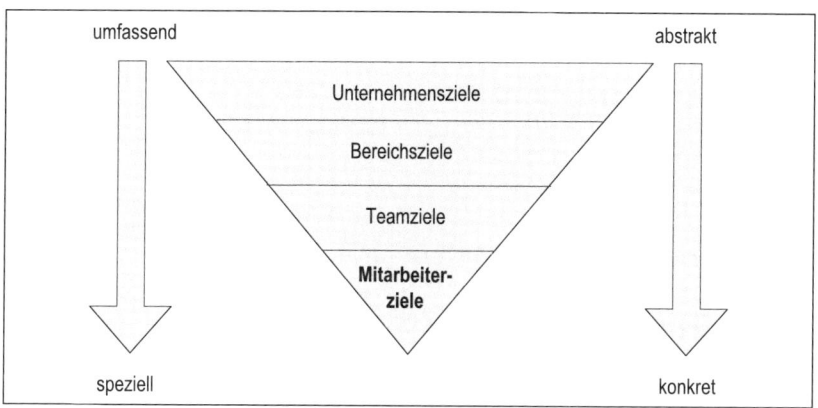

Abbildung: Ableitung von Mitarbeiterzielen aus Unternehmenszielen

Das folgende Beispiel verdeutlicht, wie aus übergeordneten Unternehmenszielen konkrete Ziele für Team und Mitarbeiter abgeleitet werden können:

Ebene	Ziel
Unternehmen	Umsatzsteigerung in den nächsten drei Jahren um 30 %
Bereich Marketing und Vertrieb	Erschließung neuer Märkte zur Absatzsteigerung
Projektteam „e-commerce"	Installation einer e-commerce-Plattform
Mitarbeiter Müller	Bewertung der B-to-B und B-to-C Geschäftsmöglichkeiten anhand eines europaweiten Benchmarking
Mitarbeiter Schneider	Entwurf des e-commerce-layout in Anlehnung und Erweiterung des bestehenden Corporate Design

Was sind Zielvereinbarungen?

Eine Zielvereinbarung ist ein

- gemeinsames Festlegen
- anzustrebender Ergebnisse
- für einen bestimmten Zeitraum
- in knapper schriftlicher Form.

Zielvereinbarungen werden zwischen Teamleader und Mitarbeiter gemeinsam getroffen. In einem Dialog werden aus den Teamaufgaben individuelle Ziele für den Mitarbeiter abgeleitet. In einem nächsten Schritt werden die damit verbundenen Aufgaben festgelegt. Dies geschieht zyklisch. Nach einer Beurteilung werden aus dem aktuellen Stand der Dinge neue Ziele und Aufgaben abgeleitet.

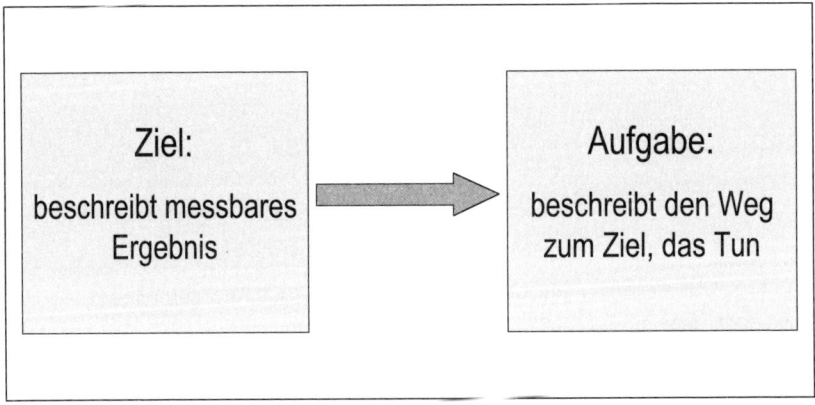

Abbildung: Ziele und Aufgaben

Zielvereinbarung und Leistungsbeurteilung sind hier eng miteinander verknüpft. Ziele zu vereinbaren, macht nur in Verbindung mit einer Beurteilung Sinn.

Mehr und mehr wird dazu übergegangen, die Zielerreichung bzw. die Beurteilung mit Gratifikationsleistungen wie Zusatzvergütungen zu verknüpfen. Dies ist umso sinnvoller, je größer das Eigenverantwortungsgefühl des Mitarbeiters für die Erreichung seiner Ziele ausgeprägt ist und je geringer die Einwirkungen einer „unberechenbaren" Außenwelt wahrgenommen wird. Hieran wird deutlich, dass Zielvereinbarungs- und Beurteilungssysteme mit Fingerspitzengefühl entwickelt und gehandhabt werden müssen.

Zielvereinbarung und Leistungsbeurteilung verlaufen stets zyklisch. Die Länge eines Beurteilungszeitraumes wird oftmals mit einem Jahr angegeben, kann aber je nach der Beschaffenheit der Ziele stark variieren.

Selbstverständlich sind Zielvereinbarungs- und Beurteilungsgespräch nicht das einzige verbindliche Gespräch zwischen Teamleader und Mitarbeiter im Laufe eines Jahres! Regelmäßige Gespräche und Feedback-Runden zwischen den Beurteilungsterminen sind aus Mitarbeiter- und Teamleadersicht unbedingt notwendig.

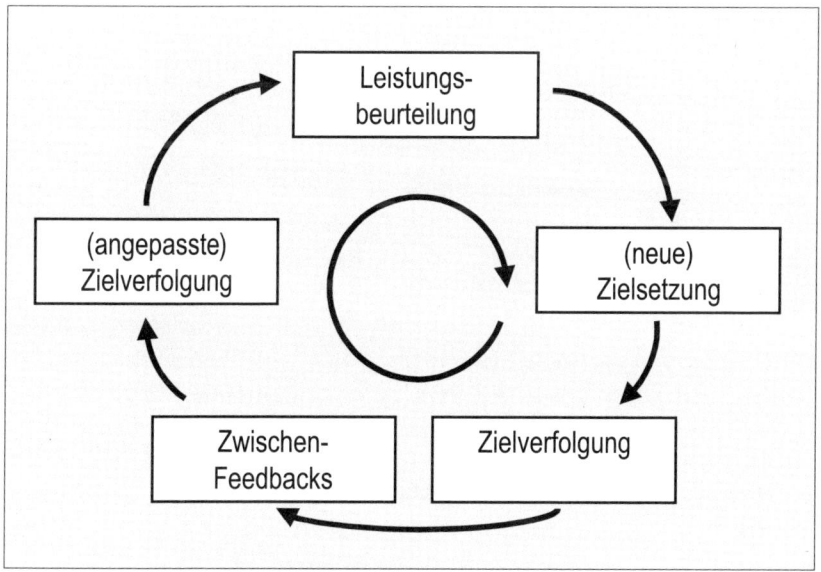

Abbildung: Der Zyklus aus Zielvereinbarung und Leistungsbeurteilung

■ Wie gehen Sie vor bei Zielvereinbarungen?

1. Nehmen Sie sich Zeit zur Vorbereitung des Gespräches. Überlegen Sie, welche Ziele Sie persönlich für den Mitarbeiter sehen. Lassen Sie sich dabei von drei Quellen leiten:

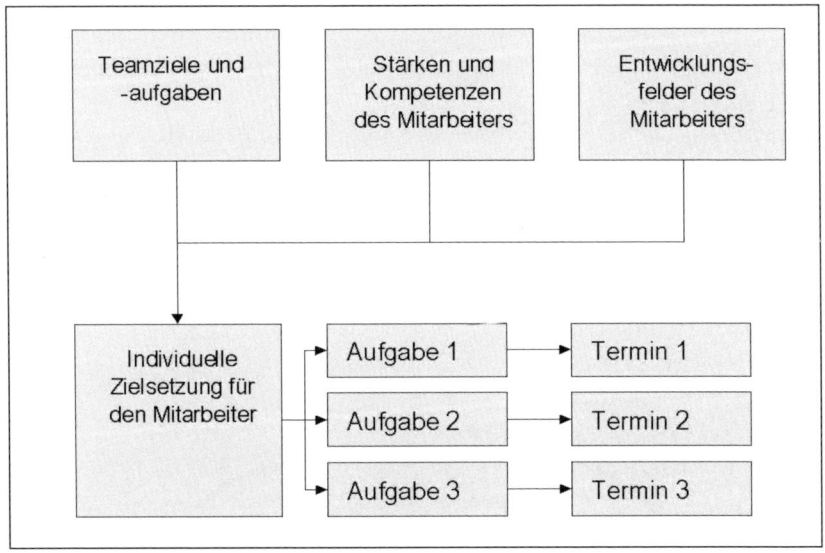

Abbildung: Quellen für Mitarbeiterziele, Aufgaben und Terminieren im Zieldialog

2. Erläutern Sie die Oberziele, die aktuell für das Team bestehen. Beziehen Sie sich dabei auf die Rolle, die der Mitarbeiter darin spielt.
3. Sprechen Sie mit dem Mitarbeiter darüber, welche Zielsetzungen er selbst für sich sieht. Halten Sie diese schriftlich fest. Legen Sie vor dem Hintergrund der gemeinsam angestrebten Oberziele dar, welche Ziele Sie selbst sehen und begründen Sie diese. Halten Sie auch diese fest.
4. Beurteilen Sie gemeinsam, welche der aufgeführten Ziele realistisch sind. Legen Sie die dafür zu erledigenden Aufgaben fest.
5. Terminieren Sie die Aufgaben und halten Sie diese Vereinbarungen fest. Schaffen Sie Verbindlichkeit durch eine persönliche Unterschrift von beiden Gesprächspartnern.
6. Nutzen Sie für die Zielvereinbarungen standardisierte Formulare, die Sie sicher aufbewahren.

Formulieren Sie die Ziele nach der Methode SMART, PURE & CLEAR und überprüfen Sie anschließend, ob die Formulierungen und Ziele diesen Anforderungen entsprechen.

Zielformulierung: SMART – PURE – CLEAR

S	pezific (spezifisch)
M	easurable (messbar)
A	ttainable (erreichbar)
R	ealistic (realistisch)
T	time phased (zeitlich untergliedert)
P	ositivley stated (positiv formuliert)
U	nderstood (verstanden)
R	elevant (relevant)
E	thical (moralisch)
C	hallenging (herausfordernd)
L	egal (legal)
E	nvironmental sound (umweltverträglich)
A	greed (akzeptiert)
R	ecorded (protokolliert)

Die Anwendung dieser Formel verhindert die häufigsten Fehler bei der Zielvereinbarung:

- Ziele werden zu hoch/zu niedrig gesteckt.
- Erfüllungszeiträume werden zu lang/zu kurz bestimmt.
- Die Zielerreichung ist nicht messbar.
- Der Aufwand für die Messung der Erreichung ist zu hoch.

Generell gilt in jedem Fall: Zielvereinbarung statt Zielvorgabe!

Im Anhang finden Sie ein exemplarisches Formular zur Zielvereinbarung in Teams. Dieses sollte nach Bedarf modifiziert werden, je nachdem, in welchem Maße in Ihrem Unternehmen Ziele quantifiziert werden können, wie viele Teilziele vereinbart werden und welche Maßnahmen zur Personalentwicklung möglich sind.

Tool 2: Teams evaluieren

Nur was gemessen wird, kann auch objektiv beurteilt werden! Um Anhaltspunkte für die Verbesserung der Arbeit im Team zu gewinnen, muss also zunächst überprüft werden, wo genau „die Säge klemmt". Bei fehlender oder ungenauer Analyse kommt es sonst häufig zu „Entwicklungsmaßnahmen", die nach dem Gießkannenprinzip eingesetzt werden. Beispielsweise ist die Erfolgsquote von Seminaren und Weiterbildungen dann auf dem Zufallsniveau angesiedelt.

Versuchen Sie deshalb, die Situation im Team so genau wie möglich zu analysieren, um zu erkennen, an welchen Punkten Veränderungen angebracht sind und an welchen Stellen Voraussetzungen zur erfolgreichen Arbeit noch nicht hinreichend erfüllt sind.

Drei mögliche Ebenen der Teamanalyse sind:

Das gesamte Team	Beurteilt die Funktionalität des gesamten Teams; deckt Reibungsverluste und Mangel an Arbeitskultur, Kompetenzen und Engagement auf; berücksichtigt Rahmenbedingungen der Teamarbeit.
Der Teamleader	Beurteilt die Führungskompetenzen des Teamleaders. Deckt Entwicklungsbedarf der führenden Person auf, ohne auf die übrigen Teammitglieder und Rahmenbedingungen zu fokussieren.
Einzelne Teammitglieder	Beurteilt die Zielerreichung einzelner Mitarbeiter (s. a. Tool „Ziele vereinbaren"); beurteilt die Integration in das Team; deckt individuellen Entwicklungsbedarf auf.

Teamanalyse

Die Analyse des gesamten Teams ist die wohl umfassendste, aber auch erfolgversprechendste Form der Analyse von Faktoren, die das Ergebnis der Teamarbeit beeinflussen.

Sie hilft dem Team, folgende Fragen zu beantworten:
- Wo liegen unsere Stärken und Schwächen als Team?
- Welchen Entwicklungsbedarf hat das Team, um besser miteinander arbeiten zu können?
- Welche Vorstellungen über „Teamarbeit" existieren in der Gruppe?

Die für eine differenzierte Teamanalyse effizienteste Methode ist nach wie vor die klassische schriftliche Befragung aller Teammitglieder. Diese kann gegebenenfalls noch durch einzelne Interviews mit ausgewählten Vertretern vertieft werden. Insbesondere der Teamleader sollte ergänzend zusätzlich qualitativ befragt werden.

Im Anhang finden Sie einen Teamfragebogen, mit dem Sie eine umfassende Teamanalyse durchführen können. Lassen Sie alle Mitarbeiter diesen Fragebogen bearbeiten – Sie können dazu die perforierten Blätter heraustrennen und kopieren.

Die Analyse des Teams bezieht sich auf die acht Team-Erfolgsfaktoren:
- Führungsqualität
- Integration in die Gesamtorganisation
- Konfliktmanagement
- Qualifikationen und Kompetenzen
- Organisation und Arbeitsmethoden
- Kommunikation und Arbeitsklima
- Zielorientierung
- Engagement

Im vorbereiteten Fragebogen werden die Teammitglieder nach ihrer persönlichen Wahrnehmung dieser acht Faktoren befragt. Dies sollte, soweit möglich, anonym erfolgen, um ein objektives und ehrliches Bild von der Stimmung im Team zu erhalten. Die Befragung aller Mitglieder ist notwendig, um zu vermeiden, dass bestimmte Positionen überrepräsentiert werden und so das Bild verzerren.

Inhaltlich können die acht Team-Erfolgsfaktoren wie folgt beschrieben werden:

FÜHRUNGSQUALITÄT

Sie bezieht sich auf die Fähigkeiten des Teamleaders, zielbezogen und sozial auf das Team und seine Mitglieder einzuwirken. Hier wird auch die Akzeptanz durch die Teammitglieder und die Vertretung des Teams nach außen erfasst.

INTEGRATION IN DIE GESAMTORGANISATION

Dies beschreibt die Einbettung des Teams in das Unternehmen. Eine Rolle spielen die äußeren Einflüsse auf das Teamgeschehen, die Ausgeprägtheit der Autonomie des Teams innerhalb der Gesamtorganisation, die Schnittstellenarbeit mit anderen Bereichen und Abteilungen sowie die zur Verfügung stehenden Ressourcen.

KONFLIKTMANAGEMENT

Der Umgang mit Konflikten, Kritik und Fehlern ist ein wesentlicher Erfolgsfaktor für die Arbeit im Team. Voraussetzung für eine gemeinsame und an Teaminteressen orientierte Lösungssuche ist eine Streitkultur, die eine offene, an Inhalten orientierte und personengerechte Auseinandersetzung mit Differenzen entwickelt.

QUALIFIKATIONEN UND KOMPETENZEN

Eine weitere Voraussetzung für die erfolgreiche Teamarbeit ist das Vorhandensein der notwendigen Kompetenzen, Kenntnisse und Fähigkeiten. ~~Dies wird durch das beste Arbeitsklima und hervorragende Koordination nicht kompensiert.~~

ORGANISATION UND ARBEITSMETHODEN

Die Art und Weise, wie Entscheidungen getroffen und Meetings abgehalten werden, mit Informationen umgegangen und die allgemeine Koordinierung realisiert wird, beeinflusst das Teamergebnis deutlich.

Dieser Erfolgsfaktor wirkt katalysierend auf die Kompetenzen und Qualifikationen. Ein Hochleistungsteam zeichnet sich unter anderem dadurch aus, dass sich die Kompetenzen aller Mitglieder voll ausreizen lassen und sauber miteinander koordiniert werden.

KOMMUNIKATION UND ARBEITSKLIMA

Für eine erfolgreiche, sinnstiftende und befriedigende Arbeit im Team ist eine Arbeitskultur, die den Menschen achtet und seine sozialen Bedürfnisse berücksichtigt, Voraussetzung. Dieser Erfolgsfaktor umfasst die Art und Weise, wie miteinander kommuniziert wird, wie die Beziehungen im Team gekennzeichnet sind und welche Kultur des gegenseitigen Feedbacks gepflegt wird.

ZIELORIENTIERUNG

Dieser Teamfaktor beschreibt die Klarheit, mit der die Teammitglieder einzeln und zusammen in der Lage sind, Prioritäten zu setzen. Voraussetzung ist hier die klare Ableitung aus Unternehmenszielen, sodass der Teamauftrag für jeden Mitarbeiter sinnvoll erscheint. Enthalten ist in diesem Faktor ebenfalls, inwieweit individuelle Ziele einen Beitrag zum Teamziel leisten können.

ENGAGEMENT

Hier wird beschrieben, wie sich die einzelnen Teammitglieder mit dem Teamziel und seiner Erreichung identifizieren können und diese Identifikation in Aktionen umsetzen. Einerseits müssen die Teamziele so formuliert sein, dass sie in der Lage sind, anspornend zu wirken, andererseits ist Engagement auch eine individuelle Eigenschaft des Einzelnen.

Das Ergebnis einer solchen Befragung ist ein Teamprofil, in dem sich die Stärken und Schwächen des Teams wiederfinden. Veränderungen können nun lösungsorientiert geplant werden, Qualifikations- und Teamentwicklungsbedarf wird sichtbar und Teamentwicklungsarbeit kann den Erfordernissen des Teams entsprechend angegangen werden.

Jedes Teammitglied findet sich bei der Teamentwicklung mit seiner spezifischen Sichtweise berücksichtigt. Somit wird sein Commitment für die Erreichung der gemeinsamen Ziele gestärkt.

Ein Teamprofil kann z. B. so aussehen:

Teamprofil

1	2	3	4	5	
○	●	○	○	○	Führungsqualität
○	●	○	○	○	Integration in die Gesamtorganisation
○	○	●	○	○	Konfliktmanagement
●	○	○	○	○	Qualifikationen & Kompetenzen
○	○	●	○	○	Organisation und Arbeitsmethoden
○	○	●	○	○	Kommunikation & Arbeitsklima
○	○	●	○	○	Zielorientierung
○	○	●	○	○	Engagement

Abbildung: Teamprofil

1: sehr gute Ausprägung – diesen Zustand stabilisieren!
2: gute Ausprägung – auf dem richtigen Weg!
3: befriedigende Ausprägung – Verbesserungspotenziale nutzen!
4: schwache Ausprägung – hoher Handlungsbedarf!
5: sehr schwache Ausprägung – Krisenintervention!

Aus diesem Beispielprofil lässt sich ersehen, dass im Team gute Qualifikationen zur Zielerreichung gegeben sind. Jedoch ist die Organisation und der Einsatz zielgerichteter Arbeitsmethoden stark verbesserungsbedürftig – vielleicht ist darin ein Grund für das geringe Engagement zu sehen. Auch das Konfliktmanagement sollte verbessert werden.

Die Interpretation solcher Profile sollte zunächst Dimension für Dimension erfolgen, bevor die einzelnen Skalen zueinander in Bezug gesetzt werden.

Um ein Teamprofil von Ihrem Team erstellen zu lassen, können Sie den vorbereiteten Fragebogen im Anhang heraustrennen und vervielfältigen. Senden Sie die ausgefüllten Bögen zusammen an die Adresse, die sie im Anhang finden. Sie erhalten dann das erstellte Teamprofil zusammen mit einer detaillierten Analyse. Diese Ergebnisse können Sie für eine Interpretation der Vorgänge in Ihrem Team nutzen und entsprechend Entwicklungsarbeit initiieren.

Tool 3: Meetings moderieren

Team-Meetings sind der Herzschlag eines Teams. So wie die gemeinsamen Treffen verlaufen, so ist auch der „Gesundheitszustand" des Teams. Wird lange und ergebnislos debattiert? Oder wird zügig, zielorientiert und produktiv miteinander gesprochen? Der Ablauf von Team-Meetings steht oft exemplarisch für die gesamte Arbeitsweise im Team. Wir können hier auch einen Kreislauf skizzieren: Werden Meetings unproduktiv abgehalten, wird sich das auf die Arbeit auswirken, denn die Mitarbeiter wissen dann mitunter nicht genau, wohin es gehen soll. Dies hat wiederum zum Ergebnis, dass auf dem nächsten Meeting nicht viel zu präsentieren sein wird – was die Stimmung wiederum beeinträchtigt.

Produktive Meetings sind Voraussetzung für eine produktive Teamarbeit. Die Art und Weise, wie sie stattfinden, hat Signalwirkung für den Arbeitsstil der einzelnen Team-Mitglieder.

Meetings haben unterschiedliche Funktionen. Sie können dazu dienen,

- Abstimmungsarbeit zu leisten,
- neue Informationen zu verbreiten,
- gemeinsam an Lösungen zu arbeiten.

Daneben haben Sie stets auch eine soziale Funktion, die nicht zu vernachlässigen ist. Denn auf den Meetings werden „inoffiziell" die Spielregeln für das Miteinander im „offiziellen" Rahmen vereinbart.

Team-Meetings sollten regelmäßig mindestens alle zwei bis vier Wochen abgehalten werden. So werden Termine und Aufgaben stets im Fokus der Aufmerksamkeit gehalten, und die Informationskanäle bleiben offen. Die Beobachtung der Fortschritte bei anderen Team-Mitgliedern stellt eine Messlatte dar und spornt zu eigener Leistung an.

Neben dem klassischen Team-Meeting existieren einige andere, je nach Situation sinnvolle Meeting-Formen.

MEETING-FORMEN UND DEREN EIGENSCHAFTEN

Art des Meetings	Team-Meeting
Ziel	Abstimmung, Reporting, Problembehandlung, Entscheidungen finden, Feststellen des Klimas, Verbesserung der Zusammenarbeit, Information
Beteiligte	alle
Dauer	60–120 min
Besonderheit	Hauptinstrument der Teamarbeit. Fester Punkt wöchentlich, mindestens jedoch vierwöchig. Enthält stets Platz für „Aktuelles", das spontan eingebracht werden kann.

Art des Meetings	Focus Group
Ziel	Problemlösungen, die nicht im Rahmen eines „normalen" Meetings erarbeitet werden können
Beteiligte	2–4 Experten des Teams (Untergruppe)
Dauer	nach Bedarf, bis zu 2 Tagen
Besonderheit	Benötigt keine explizite Führung, entspricht dem „Rat der Experten" für die Lösung spezifischer Probleme.

Art des Meetings	Progress Meeting
Ziel	Information zum Stand des Fortschritts, Aufstellen einer Tages- oder Wochenagenda
Beteiligte	alle bzw. alle Anwesenden
Dauer	max. 10–15 Minuten
Besonderheit	Keine inhaltliche Arbeit! Dient lediglich zum Update bzgl. des Fortschritts. Betroffene entscheiden im Kontext der Information zum Gesamtstand selbst, bis wann Teilaufgaben bearbeitet werden.

Art des Meetings	One-to-One
Ziel	Informationsweitergabe an relevanten, teaminternen Schnittstellen
Beteiligte	Informationsgeber und -nehmer
Dauer	nach Bedarf und Abstimmung
Besonderheit	Kann formell angeordnet sein (z. B. als Beschluss eines Team-Meetings oder eines Progress-Meetings), findet aber häufiger spontan und informell statt. Kann jedes beliebige Thema haben, muss in der Regel nicht protokolliert werden. Oft reicht eine Information im Progress-Meeting aus, dass der Austausch stattgefunden hat.

Art des Meetings	Reporting Meeting
Ziel	Informationsverbreitung im Team
Beteiligte	teaminterne Kunden, die diese Informationen brauchen
Dauer	nach Bedarf, max. 30 min
Besonderheit	Wird vom Informationsgeber/Präsentierenden selbst geführt. Entspricht einem Meeting mit einem Tagesordnungspunkt.

Jede dieser Meeting-Arten eignet sich für einen besonderen Zweck und ist an anderer Stelle eher ein Hindernis denn eine Arbeitserleichterung.

■ Meetings vorbereiten

Überprüfen Sie, ob ein Meeting notwendig ist. Wenn Mitarbeiter im Meeting das Gefühl haben, dass nichts Neues hinzu kommt, Bekanntes noch einmal durchgesprochen wird und sie eigentlich von ihrer Arbeit abgehalten werden, dann ist dies ein Zeichen dafür, dass das Meeting zu einer anderen Zeit, in einer anderen Zusammensetzung oder auch gar nicht hätte stattfinden müssen.

Checkliste – Sinn des Meetings?	Ja	Nein
Rechtfertigen die anstehenden Aufgaben den Aufwand?		
Betrifft das Problem alle Teilnehmer?		
Könnte ein Einzelner das Problem durch einige gezielte Rückfragen alleine lösen?		
Kann die Gruppe das Problem wirklich besser lösen als ein Einzelner oder ein kleines Sub-Team?		
Können die Teilnehmer das Problem überhaupt lösen oder sind Rahmenbedingungen zu verändern?		
Verbessert das Sammeln von Ideen und Meinungen die Qualität der Entscheidung?		
Ist es wichtig, dass die Entscheidung von vielen verstanden und getragen wird?		
Können alle Beteiligten einen Nutzen aus der Besprechung ziehen?		

Gehen Sie zur Vorbereitung eines Meetings wie folgt vor:

- Formulieren Sie eine eigene Zielsetzung.
- Denken Sie daran, dass Zeit Geld ist – Erstellen Sie eine Agenda.
- Legen Sie den Besprechungstyp fest (siehe Tabelle oben).
- Legen Sie die Gruppengröße und die Teilnehmer fest.
- Informieren Sie die Teilnehmer über die Themen.
- Weisen Sie die Mitarbeiter auf ihre Beiträge hin.
- Stellen Sie das benötigte Material bereit.
- Sorgen Sie für Kaltgetränke, Kaffee etc.

Auswahlkriterien für die Teilnehmer	Ja	Nein
Jeder Teilnehmer hat eine dem Besprechungsziel dienende Funktion.		
Jeder Teilnehmer weiß über die an ihn gestellten Erwartungen Bescheid.		
Durch bestimmte Teilnehmer werden verschiedene Zielsetzungen mit eingebracht.		
Es nehmen nur Mitarbeiter teil, die selber von der Besprechung profitieren oder einen Beitrag leisten können.		
Mit den Besprechungsteilnehmern gibt es Entscheidungen, die umgesetzt werden können bzw. repräsentativ sind.		
Mit den beteiligten Mitarbeitern werden Probleme diskutiert und nicht wegdiskutiert.		
Die Teilnehmer können sich die angesetzte Zeit für das Meeting freihalten.		

Gestalten einer Agenda

Zeit ist Geld! Verschwenden Sie nicht die Ressourcen Ihrer Mitarbeiter. Als Faustregel kann gelten: 75 Minuten sind für ein reguläres Meeting genug, um eine Agenda vollständig abzudecken. Die Ausnahme bilden hier Task Force-Groups oder Klausuren, in denen unter hermetischen Bedingungen bis zu drei Tage hintereinander gearbeitet wird. Diese Form ist aber der Ausnahmefall und nur unter bestimmten Bedingungen sinnvoll, z. B. im Rahmen jährlicher Strategiemeetings.

Die folgende Abbildung veranschaulicht graphisch den idealen Ablauf eines Meetings:

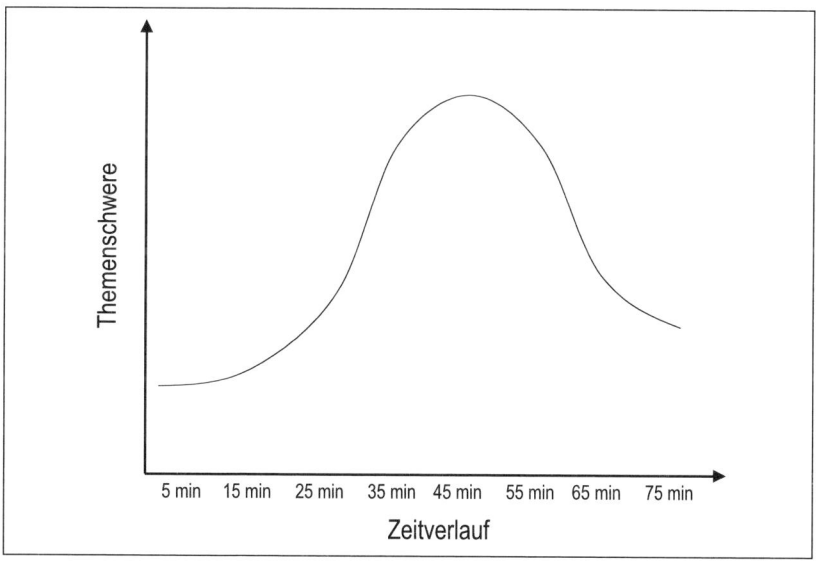

Abbildung: Die Dramaturgie eines 75-min-Meetings

Nutzen Sie die Tagesordnungspunkte für eine Dramaturgie des Meetings: Setzen Sie an den Beginn und das Ende Punkte, die „Quick-wins" für die Beteiligten versprechen und möglichst viele Mitarbeiter einbinden. In der Mitte können Sie die komplexen und schwierigen Punkte bearbeiten. Das hat folgenden Effekt: Nach einem leichten Beginn, der geeignet ist, die Teilnehmer auch gedanklich von ihren Schreibtischen wegzuholen, ist die Aufmerksamkeit und physiologische Wachheit am größten. Diese Phase sollten sie für die „harte Arbeit" nutzen. Den Schlusspunkt sollte in jedem Falle wieder ein leicht zu bewältigender Gegenstand setzen, um mit einem Erfolgserlebnis enden zu können.

Wenn Sie eine Agenda vorbereitet haben, verbreiten Sie diese unter allen Beteiligten. Gelegentlich, wenn nicht alle Mitarbeiter zu einem Meeting kommen, kann es sinnvoll sein, auch Nicht-Teilnehmer mit dieser Agenda zu versorgen. Überlegen Sie jedoch, inwieweit sich Aufwand und Nutzen rechtfertigen lassen – sicher gibt es Fälle, in denen die reine Information über die Agenda nichts einbringt. In anderen Fällen ist es denkbar, dass nicht die Agenda, sondern das Ergebnisprotokoll einen Informationsgewinn bringt. Schütten Sie Mitarbeiter im Zweifelsfalle nicht mit Informationen zu, die sie nicht selbst einfordern!

Thema	Verantwortlich	Priorität	Zeitumfang
Report Marktrecherche	Tom	mittel	10–15 min
Entscheidung Name der Produktlinie	Claudia/Peter	hoch	20–30 min
Progress-Report	alle	mittel	15 min

Eine Agenda für Meetings kann z. B. so aussehen. „Verantwortlich" meint in diesem Falle, dass diejenigen Mitarbeiter für die Gestaltung und Führung dieses Tagesordnungspunktes zuständig sind. Dies sollten in der Regel die Experten für das Thema sein. Verantwortung umfasst hier auch die Leitung der Redebeiträge und der Entscheidungsfindung.

■ Das Beste herausholen

Nutzen Sie Meetings nicht nur, um Informationen zu streuen – für die bloße Einweg-Kommunikation stehen andere Medien wie E-Mail, Fax, Telefon und Kopierer zur Verfügung. Sehen Sie Meetings als Chance an, gemeinsam Probleme zu bearbeiten – denn hier haben Sie die meisten Mitarbeiter und deren Kompetenzen an einem Tisch.

Es gibt eine Faustregel:

10 % des Gehörten,
20 % des Gesehenen,
50 % Gesehenes und Gehörtes,
70 % des selbst Gesprochenen,
90 % des selbst Erarbeiteten

bleibt beim Adressaten tatsächlich haften.

Halten Sie darum Meetings so interaktiv wie möglich! Lassen Sie keine One-Man-Shows zu. Machen Sie aus Meetings keine Zustimmungsmaschinen.

Die folgenden Vorschläge helfen Ihnen dabei, eine qualitativ hochwertige Meetingarbeit zu leisten:

1. Setzen Sie zur Bearbeitung von Problemen Kreativitätstechniken ein. Diese sind geeignet, alle Teilnehmer „ins Boot" zu holen. Voreilige Entscheidungen werden vermieden und das gesamte Potenzial des Teams kann genutzt werden.

    - Kartenabfrage
    - Mind mapping
    - Brainstorming
    - Brainwriting
    - Galerie-Methode

Eine kurze Beschreibung dieser Methoden finden Sie im Anhang.

2. Benutzen Sie Medien wie Projektoren, Flip-Charts, Tafeln und Pinwände zur Visualisierung. Zum einen werden so Informationen besser behalten und gleichzeitig vermeidet man langatmige Wiederholungen: „Was hatten wir jetzt schon alles?" Besonders Flip-Charts sind sehr gut geeignet, spontan Beiträge zu erfassen. Die Ergebnisse können als Plakate erhalten bleiben und an zentraler Stelle als ein farbiger „Erinnerer" fungieren.

3. Achten Sie darauf, dass sich alle Teilnehmer einbringen können. Sprechen Sie die ruhigeren zunächst nonverbal, aber später auch direkt auf ihre Meinung hin an. Achten Sie auf körpersprachliche Signale dieser „Stillen". Oft schütteln sie mit dem Kopf oder nicken, kräuseln die Stirn, schauen interessiert. Ihr Schweigen ist oft kein Zeichen von Desinteresse, sondern eines von Konzentration. Oft glauben sie, dass ihre Ideen nicht gut sind. Geben Sie Gelegenheit, diese Ideen darzulegen, denn sie sind oft gut: Wer weniger redet, verbringt mehr Zeit mit Analyse und Integration der Informationen.

4. „Bremsen" Sie die Vielredner höflich, aber bestimmt. Weisen Sie darauf hin, dass Sie gerne noch die anderen Meinungen hören möchten. Wenn Sie die Beiträge und Meinungen stichwortartig festhalten, können Sie darauf hinweisen, dass dieser Beitrag schon gebracht wurde.

5. Halten Sie die Ergebnisse in einem Kurz-Protokoll fest. Legen Sie einen Termin fest, bis wann dieses verteilt wird. Es können auch Aufgabenlisten erstellt und verteilt werden. Dies schafft Verbindlichkeit und ruft die Inhalte noch einmal in Erinnerung. Anhand des Protokolls können Sie die Meeting-Leitung auch noch einmal überprüfen und sich selbst bewerten.

6. Lassen Sie die Meeting-Leitung unter allen Teammitgliedern rotieren. So schaffen Sie Verantwortungsgefühl für die gesamte Arbeit und den Blick über den eigenen Tellerrand hinaus.

Nachbereitung

Die Anfertigung eines Protokolls ist zwar bisweilen unbeliebt. Aber ein Protokoll kann ein sehr nützliches Instrument zur Verbreitung der Inhalte und Ergebnisse des Meetings sein. So wird wenige Tage nach der Zusammenkunft noch einmal an die Vereinbarungen erinnert. Die schriftliche Abfassung schafft Verbindlichkeit.

Achten Sie darauf, dass Protokolle keine detaillierten Wortlautschriften sind: „Als nächstes hat C. gesagt, dass ..." Es sollte in kurzen Sätzen und mit einer deutlich sichtbar gemachten Gliederung abgefasst sein. Es genügt vollkommen, wenn ein Ergebnisprotokoll Folgendes enthält:

Formale Angaben:

- Team/Abteilung
- Teilnehmer
- Ort/Zeit/Dauer
- Verteiler

Text:

- Behandelte Themen
- Verlauf
- Maßnahmenplanung (Die Einhaltung wird im nächsten Meeting gemeinsam überprüft)

Ergänzende Angaben:

- Anlagen und Daten zur Verteilung
- Offen gebliebene Punkte (Diese werden im nächsten Meeting auf der Tagesordnung stehen)
- Nächste Zusammenkunft
- Unterschriften von Protokollant/Meetingleitung

Spielregeln für ein Meeting

Achten Sie auf die Einhaltung von grundlegenden Regeln der Zusammenarbeit. Es gilt, ein Klima zu sichern, in dem man sich gegenseitig Aufmerksamkeit und Wertschätzung entgegenbringt. Dies bezieht sich besonders auf Unterbrechungen, die die Wichtigkeit des aktuellen Geschehens infrage stellen würden.

Sorgen Sie dafür, dass

- Pünktlichkeit von Anfang an zum Qualitätsstandard gehört. Es gehört zur Wertschätzung anderer Personen, diese nicht warten zu lassen. Seien Sie vorsichtig mit „Regeln", nach denen z. B. im Falle des Zuspätkommens eine Runde Sekt ausgegeben werden muss. Dies macht es zum willkommenen Kavaliersdelikt, das sogar gerne gesehen wird.
- Telefonate nicht stören können. Leiten Sie die nächsten Telefone um, nutzen Sie Anrufbeantworter.
- Papier nicht übertrieben geräuschvoll bewegt wird. Weisen Sie direkt und auch nonverbal darauf hin.
- während einer Präsentation nicht störend gesprochen wird. Fragen Sie nach, ob das abseits Gesprochene von Interesse für alle sein könnte.
- keine Laptops benutzt werden, es sei denn, es gehört zum aktuellen Beitrag. Weisen Sie darauf hin, dass der Beitrag die volle Aufmerksamkeit aller bekommen sollte.
- am Thema geblieben wird. Manche Menschen sind darin Experten 1000 Marktplätze zu eröffnen. Versuchen Sie mithilfe des gesamten Teams, diese Abschweifungen abzubrechen – lassen Sie sich bestätigen, dass dies zu diesem Zeitpunkt nicht Thema ist.
- Nachrichten und unerwartete Besucher nicht stören können. Bitten Sie an der Tür des Meetingzimmers schriftlich darum, nicht zu stören. Werden Nachrichten gebracht, entscheiden Sie sofort, ob sie kritisch sind. Wenn nicht, fahren Sie unverzüglich fort.
- Erfrischungen vorhanden sind. Sind keine im Raum, sorgen Sie dafür, dass die Erfrischungen zu einem bestimmten Zeitpunkt gebracht werden.

Viele Teams vereinbaren Regeln für Ihre Meetings. Hier finden Sie ein Beispiel:

Spielregeln für Meetings

- Wir achten die Arbeit und die Zeit anderer.
- Jeder Beitrag ist wichtig. Wir lassen einander ausreden.
- Wir versuchen die Perspektive anderer einzunehmen.
- Wir kritisieren Tatsachen und Fakten, keine Personen.
- Offenheit ist ein Prinzip unserer Meetings und macht sie erfolgreich.
- Wir denken in Zielen und Lösungen statt in Problemen und Hindernissen.

Tool 4: Konflikte managen

Konflikte sind unvermeidlich. Bringt man verschiedene Menschen zusammen und macht sie für ein gemeinsames „Geschäft" oder eine gemeinsame Aufgabe verantwortlich, dann kann es zu Meinungsverschiedenheiten kommen. Es kann persönliche Differenzen und Spannungen geben. Äußerungen werden womöglich fehlinterpretiert. Es wird auch unterschiedliche Meinungen darüber geben, was wohl das Beste ist, das getan werden kann.

Ein Konflikt entsteht dann, wenn eine Person sich persönlich oder in der Ausübung ihrer Tätigkeit beeinträchtigt fühlt. Oft wird die Person, die als Konfliktverursacher gesehen wird, nicht einmal wissen, dass sich andere durch ein bestimmtes Verhalten beeinträchtigt fühlen. Werden Konflikte produktiv gemanagt, können Sie neue Lösungen hervorbringen. Die Beziehungen im Team können sogar gestärkt aus Ihnen hervorgehen, wenn das gegenseitige Verständnis während der Konfliktlösung gestärkt wird.

Konflikte können sich auf der Sach- oder der Beziehungsebene abspielen. Häufig finden wir eine Mischform – Konflikte, die sich auf beiden Ebenen gleichzeitig abspielen.

Die Bearbeitung von Konflikten ist notwendige Hygiene für das Team. Genau so, wie es sich mit der Bearbeitung ihrer Aufgaben auseinander setzen muss, muss es sich auch damit befassen, wie es sich selbst arbeitsfähig erhalten kann. Dabei geht es um das „Wie" des Miteinander und weniger um das „Was".

Die Aufgaben des Teamleaders im Konfliktfall bestehen darin,

- den Konflikt als solchen zu erkennen und aufzudecken,
- als neutraler Mediator die unterschiedlichen Perspektiven herauszustellen,
- eine konstruktive und faire Konfliktbearbeitung zu gewährleisten,
- die Lösungssuche gerecht zu gestalten,
- eine verbindliche Vereinbarung festzuhalten,
- den Konflikt insgesamt so zu bearbeiten, dass sowohl die Teaminteressen als auch individuelle Interessen nicht gefährdet sind.

■ Woran sind Konflikte zu erkennen?

Ein Konflikt ist ein Widerstreit zwischen verschiedenen Interessen oder Werten. Dabei sind beide Seiten voneinander abhängig. Dies ist wichtig, um einen Konflikt zu verstehen: Sind die Parteien nicht abhängig voneinander, sondern können ihren Interessen an anderer Stelle relativ problemlos entsprechen, dann wird es keinen Konflikt geben, da der Situation ausgewichen werden kann.

Merkmale eines Konfliktes sind:

- Es existieren mindestens zwei Parteien.
- Beide Parteien haben eigene Interessen und Ziele.
- Die Parteien sind voneinander abhängig.
- Zwischen den Einzelinteressen wird ein Interessengegensatz wahrgenommen.
- Es existiert ein Handlungsspielraum, innerhalb dessen die Parteien eigene Entscheidungen treffen können.

Ein Konflikt kann also bereits dann entstehen, wenn eine der Parteien glaubt, in ihren Interessen eingeschränkt zu werden, auch wenn dies objektiv nicht der Fall sein muss. Auch das Vorhandensein eines Entscheidungsspielraums ist Voraussetzung für einen Konflikt. Ist dieser nicht gegeben, wird das jeweilige Verhalten mehr oder weniger „schicksalhaft" hingenommen, gleich einem unumgänglichen Gesetz.

Bei der Klärung eines Konfliktes muss also unter anderem erkannt werden, ob dieser tatsächlich vor Ort entsteht oder ob aufgrund eines nicht vorhandenen Entscheidungsspielraumes der vermeintliche Konflikt nur ein Symptom von übergeordneten Unklarheiten ist. Konflikte können verschiedene Themen haben. Entsprechend sind sie verschiedenen „Konfliktfamilien", die bestimmte Gemeinsamkeiten haben, zuzuordnen.

Konfliktarten und ihre Inhalte[3]	
Konfliktart	**Thema/Inhalt**
Verteilungskonflikte	Verlust der einen Seite ist dem Gewinn der anderen gleichzusetzen
Persönliche Konflikte	Gegenstand sind Eigenschaften und Verhaltensweisen von Menschen
Zielkonflikte	Es ist keine Einigung über die Richtung des Vorgehens möglich – die Konfliktparteien haben unterschiedliche Zielvorstellungen
Methodenkonflikte	Es herrscht Zielklarheit, jedoch sind die Parteien uneins über Mittel und Wege, die Ziele zu verfolgen
Wertekonflikte	Eine Handlung oder verschiedene Ziele oder Wege stehen im Widerspruch zu bestimmten ethischen Vorstellungen

Eine Betrachtung, auf welcher dieser Ebenen sich ein Konflikt inhaltlich bewegt, ist für die Lösungssuche sinnvoll. Denn es macht z. B. we-

---

[3] Diese Tabelle ist Höher&Höher, „Konfliktmanagement" entnommen

nig Sinn, über Vorgehensweisen zu streiten, wenn es sich eigentlich um einen Wertekonflikt handelt.

■ Verhalten im Konfliktfall

Zunächst gilt immer: Die Konfliktparteien sind für ihren Konflikt selbst verantwortlich. Sie stehen in der Pflicht, zunächst selbst zu versuchen, diesen zu lösen. Gelingt dies nicht, ist der Teamleader oberster Konfliktmanager des Teams. Um diese Rolle erfolgreich erfüllen zu können, sollte er folgenden Verhaltensstrategien folgen:

WAHREN SIE DIE WÜRDE DER PERSONEN

- Vermeiden Sie Beleidigungen und persönliche Angriffe.
- Werden Sie nicht zynisch.
- Verweigern Sie nicht das Gespräch.
- Weisen Sie niemandem Irrtümer, Dummheiten oder Schlechtigkeiten nach.
- Bleiben Sie beim aktuellen Problem.

HÖREN SIE ZU UND BETRACHTEN SIE DIE ANGELEGENHEIT AUS DER SICHT ALLER BETEILIGTEN

- Verstehen heißt nicht zustimmen. Aber: Nichtverstehen hindert die Entwicklung einer akzeptablen Lösung.
- Versetzen Sie sich in den emotionalen Zustand der Betroffenen.
- Hören Sie darauf, was erreicht werden soll.
- Überwinden Sie „grundsätzliche Abneigungen" gegen „bestimmte Leute".
- Fragen Sie nach, was genau gemeint ist.
- Überlegen Sie, was Sie selbst an der Stelle der Betroffenen täten.

VERSUCHEN SIE NICHT, MENSCHEN ZU ERZIEHEN ODER ZU ÄNDERN

- Belehren Sie niemanden über Irrtümer, Dummheiten, Bosheiten ...
- Treten Sie nicht altklug oder schulmeisterlich auf.

- Bedenken Sie, dass sich erwachsene Menschen in gewisser Weise nicht mehr ändern werden – und schon gar nicht im Konfliktfall. Allenfalls lässt sich Verhalten anpassen.
- Nehmen Sie zur Kenntnis, wie jemand ist, wie er denkt, nach welchen Werten er handelt.
- Überlegen Sie nicht, wie jemand „idealerweise" sein sollte.
- Gehen Sie davon aus, dass niemand in seinem Verhalten, Auftreten oder Denken fehlerfrei ist. Auch Sie nicht.
- Klären Sie stets nur einen aktuellen Konflikt. Versuchen Sie nie, jemanden „allgemein" auf den richtigen Weg zu bringen – überlassen Sie das Lernen den Personen selbst!

VERMEIDEN SIE FOLGE-KONFLIKTE

- Initiieren Sie Schritte zur emotionalen Versöhnung
- Lassen Sie jedem einen (Teil-)Sieg.
- Lassen Sie keine Triumphe über andere zu – schon gar nicht vor Dritten.
- Machen Sie keine der Konfliktparteien vor anderen lächerlich.
- Belehren Sie niemandem im Nachhinein, wie eine Niederlage hätte vermieden werden können.

Der Konfliktlöse-Prozess

Wenn Sie sich dazu entschieden haben, bestimmte Spannungen anzusprechen, dann laden Sie dazu alle Betroffenen ein. Der erste Schritt ist immer das Gespräch in kleiner Runde. In ein Team-Meeting gehört ein Konflikt nur dann, wenn die Konfliktursache im Team liegt oder seine Lösung das gesamte Team betrifft.

Versuchen Sie, bei der Konfliktbearbeitung nach folgendem Prozess vorzugehen:

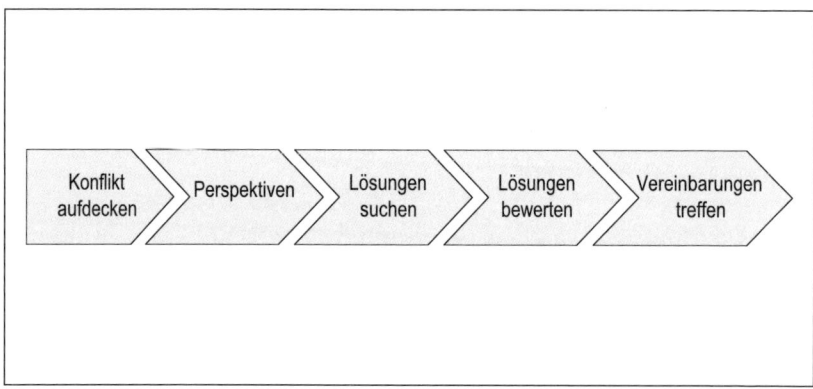

Abbildung: Prozessphasen der Konfliktlösung

Versuchen Sie diese Phasen bewusst voneinander abzugrenzen, auch wenn diese natürlich fließend ineinander übergehen.

AUFDECKEN DES KONFLIKTES

Nicht alle Konflikte treten deutlich zutage. Wenn Sie ein Mitarbeiter anspricht „Thomas hat ... dies getan/nicht getan" oder „Sie müssen was wegen Susi unternehmen ...", dann denken Sie daran, dass Sie hier nur eine von mindestens zwei Perspektiven präsentiert bekommen. Sie werden sich wundern, wie oft Mitarbeiter verneinen, wenn Sie sie fragen, ob sie selbst schon etwas unternommen haben.

Behandeln Sie Konflikte mit dem gebotenen Respekt. Überlegen Sie, ob ein Konflikt in die „große Runde" gehört oder ob ein Gespräch unter sechs bzw. auch vier Augen genügt bzw. besser ist. Andererseits, machen Sie zunächst aus Mücken keine Elefanten. Nicht jede Meinungsverschiedenheit ist gleich ein Konflikt.

Die frühzeitige Erkennung von Spannungen und Konfliktpotenzialen ist Prophylaxe: Es muss nicht immer zum großen Knall kommen. Nehmen Sie Spannungen frühzeitig wahr, dann reagieren Sie auch zeitnah. In frühen Stadien ist es oft einfacher, regulierend einzugreifen. Ein zermürbender Kreislauf muss gar nicht erst ins Rollen kommen. Stellen Sie sich darum immer wieder folgende Fragen:

- Was passiert gerade im Team auf der Beziehungsebene?
- Wie wird sich nach dieser Entscheidung X oder Y fühlen?
- Wer hat gerade „Rückenwind"?
- Wer könnte enttäuscht sein?
- Was kann dies für Auswirkungen haben?

Überlegen Sie, ob Sie Mitarbeiter gezielt ansprechen, um Ihre Beobachtungen mitzuteilen und von diesen auch bestätigen zu lassen. Sprechen Sie in dieser ersten Runde so neutral wie möglich. Teilen Sie Ihre Beobachtungen mit. Sprechen Sie dabei aus persönlicher Sicht:

- Was beunruhigt Sie?
- Was haben Sie beobachtet?
- Was befürchten Sie persönlich?
- Was glauben Sie, kann dies für das gesamte Team bedeuten?

Stellen Sie stets Ihre neutrale Rolle heraus. Sie sind kein Sympathisant der Person X oder Y, sondern Ihr Interesse gilt dem Team und seinen Mitarbeitern. Ist die Spannung oder der Konflikt auf diese Weise aufgedeckt und von den Beteiligten als bearbeitungswürdig identifiziert, kann zu seiner Lösung übergegangen werden. Vorher ist die Anwendung von Konfliktlösetechniken nicht erfolgversprechend! Warum sollte jemand sein Verhalten ändern, wenn er nicht weiß warum?

PERSPEKTIVEN

> Jeder Mensch betrachtet die Welt vom Glockenturm des eigenen Dorfes aus.
>
> (Russisches Sprichwort)

In einem Konfliktfall gibt es stets drei Perspektiven, die herauszustellen sind: die der beiden Konfliktparteien und eine dritte Perspektive, die eines neutralen Beobachters.

Lassen Sie sich zunächst die beiden erstgenannten Perspektiven schildern. Geben Sie genügend Raum für eine offene Beschreibung. Versuchen Sie möglichst viele Informationen zu sammeln. Stellen Sie darum zunächst offene Fragen:

- „Was ist es, was sie stört?"
- „Warum verhalten sie sich so?"
- „Welche Gedanken und Gefühle haben sie dabei?"
- „Was wollen sie erreichen?"

Offene Fragen sind solche, zu deren Beantwortung kein „Ja" oder „Nein" genügt. Sie lassen Platz für individuelle Schilderungen und enthalten keine Aufforderung zu einer Entscheidung. Sie sind auch nicht suggestiv.

Fassen Sie zum tieferen Verständnis das Gesagte zusammen. Stellen Sie dazu geschlossene Fragen:

- „Habe ich richtig verstanden, dass ...?"
- „Sie wollen also ...?"
- „Sie sehen die Gefahr, dass ...?"

Vergewissern Sie sich bei der anderen Partei, dass diese die Position und die damit verbundene Motivation des „Gegners" verstanden hat. Dies bedeutet nicht Einverständnis, sondern tatsächlich „nur" verstehen.

Führen Sie ein solches Interview mit beiden Konfliktparteien durch – grundsätzlich in Anwesenheit beider. So geben Sie der jeweils anderen Partei in einem geschützten Rahmen die Gelegenheit, den Standpunkt des anderen zu hören. Dies ist bereits der erste Schritt zur Konfliktlösung.

„Perspektiven" bedeutet auch, dass Sie beiden Konfliktparteien aufzeigen, welche Perspektiven dieser Konflikt aus der Sicht des Teams und aus Ihrer Sicht als Teamleader hat. Schildern Sie deutlich, welche Alternativen sich bei einer unkonstruktiven Konfliktbearbeitung ergeben können. Dies kann bis zum Ausschluss einer oder beider Konfliktparteien aus dem Team führen, wenn das gesamte Team durch den Konflikt gefährdet wird.

LÖSUNGSSUCHE

> Der Schlüssel zu jedem Konflikt ist nicht die objektive Wahrheit, sondern das, was sich in den Köpfen der Beteiligten abspielt.
>
> (Roger Fisher)

Konflikte werden nicht logisch gelöst. Die „objektive Wahrheit" ist selten alleinige Ursache für den Konflikt, noch Ausgangspunkt zu seiner Lösung. Ansätze zur Lösung liegen darin, dass alle Beteiligten akzeptieren, dass der Standpunkt der anderen berechtigt ist.

Gehen Sie bei der Lösungssuche nach dem Harvard-Konzept vor. Es arbeitet mit einer 4-Quadranten-Analyse, deren Felder nacheinander unter Moderation des Teamleaders bearbeitet werden sollten. Erweist sich das für den Teamleader als zu schwierig, ist eine externe Unterstützung durch teamexterne Mediatoren gerechtfertigt.

DIE 4-QUADRANTEN-ANALYSE ZUR LÖSUNGSSUCHE[4]

I. Quadrant	II. Quadrant
▪ Welche Symptome hat der Konflikt? ▪ Wie wäre die wünschenswerte Situation? ▪ Was ist die Kluft zwischen Ist und Soll?	Diagnosen der Gründe ▪ für Ursachen des Konfliktes ▪ für bisheriges Scheitern oder Verweigern von Lösungen
III. Quadrant	IV. Quadrant
▪ Allgemeine Lösungsansätze: Erarbeiten von Lösungsansätzen ▪ Zunächst wertfreies Aufzeigen aller Alternativen (auch worst case)	Handlungskonzept: ▪ Wer macht was? ▪ Wie gehen wir vor? ▪ Bis wann erledigt? ▪ Für alle Lösungsansätze!

---

[4] nach Roger Fisher

Quadrant I

Tragen Sie möglichst viele Symptome zusammen, um ein umfassendes Bild von allen Auswirkungen des Konfliktes zu erhalten – dieses Bild steht dann nicht nur dem Konfliktlöser, sondern allen Beteiligten zur Verfügung. Das ist die erste Einladung zum Perspektivenwechsel.

Quadrant II

Fragen Sie nach den Ursachen des Konfliktes. Versuchen Sie, die Betroffenen die Standpunkte wechseln zu lassen. Fragen Sie zum Beispiel: „Herr X, was meinen Sie, warum verhält sich Herr Y so?". Denken Sie bei der Suche nach den Gründen zur Aufrechterhaltung des Konfliktes auch an das Umfeld und die Rahmenbedingungen. Gibt es „lachende Dritte"? Überlegen Sie, ob sich Menschen in Ihrem Konflikt unter Umständen schon eingerichtet haben. Was kann jede Konfliktpartei für Vorteile haben, wenn der Konflikt existiert? Möglicherweise muss eine Entscheidung nicht getroffen werden, solange der Konflikt nicht gelöst ist.

Versuchen Sie in diesem Quadranten, die Zirkularität von Konflikten herauszuarbeiten. Oft ist ein Verhalten Ursache und Reaktion zugleich.

Quadrant III

Erarbeiten Sie zusammen mit den Konfliktparteien und mit Hilfe von Brainstorming und Brainwriting möglichst viele Lösungsansätze. Nehmen Sie dabei auch die Varianten auf, die ganz sicher nicht „die Lösung" darstellen. Halten Sie alle Möglichkeiten schriftlich fest.

Quadrant IV

Erstellen Sie für die Lösungsmöglichkeiten Handlungspläne, und zwar für alle Varianten. Dies ist notwendig, um sicher zu gehen, dass für alle Beteiligten klar zu sehen ist, was genau nun die Lösung des Konfliktes ausmacht und welche Konsequenzen dies für jeden hat. Eine Konfliktlösung wird in der Regel für beide Parteien Kosten und Nutzen haben – diese müssen möglichst frühzeitig herausgestellt werden, um Folgekonflikte zu vermeiden.

Bewerten der Lösungen

Mithilfe der 4-Quadranten-Analyse sind mehrere Handlungsalternativen aufgestellt worden. Die Konfliktparteien stehen nun vor der Aufgabe, eine von diesen auszuwählen. Dazu müssen die einzelnen Varianten bewertet werden. Nutzen Sie zur Bewertung einer Lösung folgende Kriterien:

- Kosten der Lösung
- Zufriedenheit mit der Lösung
- Auswirkungen auf die Zukunft oder auf Dritte
- Auswirkungen auf die Beziehung der Konfliktparteien

Diese vier Kriterien stehen gleichberechtigt nebeneinander. Erarbeiten Sie auch diese Bewertung gemeinsam mit den Konfliktparteien. Halten Sie für jede Lösungsvariante die Bewertungen anhand dieser Kriterien schriftlich fest, um sie vor der endgültigen Entscheidung vergleichen zu können.

An diesem Punkt wird deutlich, dass sich die beiden Parteien einander annähern müssen, denn die eigene Zufriedenheit steht häufig der des anderen konträr gegenüber. Wenn sich die Zufriedenheiten näher kommen, ist dies oft ein Zeichen für einen geeigneten Weg.

Durch die Bewertung, welche Auswirkung eine Lösung für die Beziehung der Konfliktparteien hat, zeigen Sie als Mediator deutlich, wie sehr Ihnen an einer konstruktiven und neutralen Lösung liegt.

Machen Sie deutlich, dass die endgültige Entscheidung unter Berücksichtigung aller vier Kriterien getroffen wird und nicht nur an der Zufriedenheit der Konfliktparteien festgemacht werden kann.

Vereinbarungen treffen

Die Konfliktparteien sind angehalten, sich zugunsten einer der aufgestellten Varianten zu entscheiden. Können Sie dies nicht, ist der Teamleader gefragt. Machen Sie gleich zu Beginn dieser Phase deutlich, dass Sie im Ernstfall eine Entscheidung treffen werden.

Wird eine Entscheidung getroffen, dann halten Sie diese verbindlich fest. Treffen Sie Vereinbarungen, wer bis wann was zu tun hat, um dem Konflikt die Nahrung zu entziehen. Halten Sie diese Vereinbarungen schriftlich fest und lassen Sie diese unterschreiben. Vereinbaren Sie zu gegebenem Zeitpunkt ein Nachgespräch, in dem überprüft wird, wie die Vereinbarungen umgesetzt wurden und wie viel von dem Konflikt noch vorhanden ist.

Tool 5: Feedback geben und nehmen

Eine positive Entwicklung der Teamarbeit und der gelebten Teamkultur ist ohne eine offene und konstruktive Feedback-Arbeit kaum denkbar.

■ Feedback-Gespräche

Feedbacks sind Rückmeldungen darüber, wie bestimmte Verhaltensweisen wahrgenommen werden. Eine solche spiegelnde Funktion ist für den Feedback-Empfänger ein wichtiger Hinweis darauf, wie sein Verhalten wirkt und ob seine Verhaltensintention das Ziel erreicht oder verfehlt. Diese Informationen sind die beste Grundlage für eine Verhaltenskontrolle: Wenn man erfährt, wie das eigene Verhalten wirkt, kennt man den Unterschied zwischen der eigenen Verhaltensintention und dem, was „auf der anderen Seite" davon ankommt. Erhält man Kenntnis darüber, wie man von anderen gesehen und erlebt wird und was das Verhalten bei Ihnen auslöst, kann man sein zukünftiges Verhalten daran messen. Das proaktive Einholen von Feedbacks aus dem sozialen Umfeld ist eine hervorragende Voraussetzung für die individuelle Performance-Optimierung.

> Feedbacks sind Rückmeldungen, die wertvolle Informationen zur Verhaltenskontrolle enthalten, und sind gleichzeitig Ausgangspunkt für Veränderungen.

Die Wirksamkeit von Feedback beruht auf zwei Säulen:

Zunächst ist es die Bereitschaft des Feedback-Empfängers, sich überhaupt Feedback geben zu lassen, um sich entsprechend kontrollieren und entwickeln zu können.

Andererseits ist es die Art und Weise, wie Feedback gegeben wird, die es dem Empfänger ermöglicht, Kritik und Anregungen als konstruktiv anzuerkennen und für sich zu nutzen.

Beides ruht letztlich auf demselben Fundament: einer Kultur der offenen, konstruktiven und am Menschen orientierten Kommunikation.

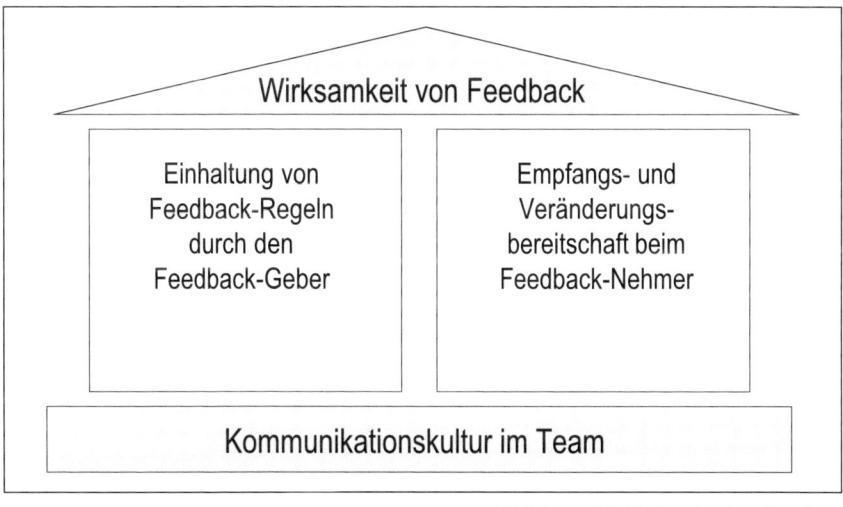

Abbildung: Die Säulen des Feedback

Aufgabe des Feedback-Gebers ist es im Feedback-Prozess, seine Wahrnehmung vom anderen so wiederzugeben, dass diese darin erkennen können, welche Verhaltensweisen genau welches Resultat erbracht haben. Darum gilt es, wenn Feedback gegeben wird,

- Offenheit,
- Konkretheit,
- Transparenz

zu pflegen.

Nur wenn eine ehrliche Rückmeldung erfolgt, kann der Feedback-Nehmer sie tatsächlich gewinnbringend einsetzen – taktieren und mutmaßen, ob man jemanden mittels Feedback manipulieren kann, ist absolut fehl am Platze und unwirksam. Im Feedback konkret zu sein bedeutet, keine Verallgemeinerungen zu verwenden, sondern nur Dinge zu thematisieren, die tatsächlich stattgefunden haben und benannt werden können.

> Beispiel: „Ich habe wahrgenommen, wie Du gestern Mittag ..."
> statt
> „Du bist immer so ...".

Aufgabe des Feedback-Gebers ist es nicht, die Person als solche zu verändern. Niemandem steht es zu, eine Person als solche zu beurteilen oder darüber zu „richten", wie sie oder er ein besserer Mensch sein könnte. Ziel kann nur sein, Verhaltensweisen zu reflektieren und gegebenenfalls zu modifizieren. Beziehen Sie darum Ihr Feedback generell auf Verhaltensweisen und nicht auf Eigenschaften der Person.

> Beispiel: „Wenn Du zu spät kommst, dann ..."
> statt
> „Du bist unzuverlässig ..."

Versuchen Sie, wenn Sie ein Feedback geben, den anderen nicht in eine Verteidigungssituation zu bringen. Greift man jemanden an oder stellt etwas grundsätzlich in Frage, so kann er nur mit Rechtfertigung reagieren, und wird sein Verhalten nicht ändern. Versuchen Sie eher, die Auswirkungen von Verhaltensweisen zu beschreiben. So erfährt der Feedback-Nehmer, was sein Verhalten bei anderen bewirkt. Der Wunsch, positiv aufgenommen zu werden, ist hier Motivator genug, das eigene Verhalten so anzupassen, dass das eigene Bild bei anderen gewinnt.

> **Beispiel:** „Wenn du nicht zur vereinbarten Zeit ankommst, dann können wir alle nicht arbeiten – das stört uns. Wir würden uns wünschen, dass du in Zukunft pünktlich bist, damit wir unsere kostbare Zeit sinnvoll einsetzen können."
>
> statt:
>
> „Du bist immer so unzuverlässig. Niemand hier kann sich auf Dich verlassen. Wahrscheinlich hast Du Besseres zu tun!"

Im letzten Beispiel wird deutlich, nach welchen Prinzipien Feedback funktioniert:

- Die Beschreibung erfolgt in Verhaltensweisen statt in Eigenschaften.
- Es werden Wünsche und Informationen statt Vorwürfe geäußert.
- Es wird deutlich gemacht, was das Verhalten bewirkt, nicht was vermutlich dahinter steckt.

Werden diese Grundsätze eingehalten, kann sich eine Feedback-Kultur entfalten, die an der Entwicklung des Einzelnen im Interesse des Teams orientiert ist – und somit ein Team auf den Weg zum Hochleistungsteam bringt. Die „Alternative" hierzu wäre eine Kultur der gegenseitigen Vorwürfe und Rechtfertigungen, die niemandem nützt und die Arbeitsergebnisse entsprechend negativ beeinflussen wird.

Der Feedback-Nehmer hat die Aufgabe, die Informationen aufzunehmen und für sich auszuwerten. Es ist nicht das Ziel, nachträglich Verhaltensweisen zu erklären, sondern zu erfahren und zu lernen, welche Verhaltensweisen für andere nutzbringender sind.

Der Feedback-Nehmer sollte aufmerksam zuhören, was der andere ihm zu sagen hat. Diese Informationen sind kein Angriff auf seine Person, sondern eine Hilfestellung, sich zu verbessern. Die Entscheidung darüber, ob ein Verhalten verändert wird, liegt letztlich ohnehin stets beim Feedback-Nehmer selbst.

Aufgabe des Teamleaders ist es, das Regelwerk für konstruktives Feedback im Team zu installieren und vorzuleben. Die Regeln des Feedbacks können gesondert eingeführt werden. Am besten werden sie jedoch im Alltag praktiziert – sie gelten generell für alle Situationen, auch für die Momente „zwischen Tür und Angel".

Die Feedback-Regeln finden Sie auch im Anhang. Dort können Sie sie heraustrennen und als einen Qualitätsstandard für die Gespräche in Ihrem Team verwenden.

■ 360°-Feedback für Teamleader

Für Teamleader ist eine Reflexion über das Führungsverhalten und seine Wirkung von großer Wichtigkeit. Denn beides hat erheblichen Einfluss auf das Gesamtteam.

Das Instrument des 360°-Feedback gewährleistet eine umfassende und vor allem systematische Beurteilung des Führungsverhaltens des Teamleaders. Die Einschätzung erfolgt aus der Arbeitssituation heraus – die Ergebnisse können somit als praxisrelevant und weitgehend objektiv bezeichnet werden.

Die Namensgebung „360°-Feedback" ergibt sich aus der Konstellation der Feedback-Geber heraus. Die gesamte Arbeitsumgebung um den Teamleader herum gibt Hinweise und Informationen, die zu einem detaillierten, situationsbezogenen Feedback integriert werden.

Tool 5: Feedback geben und nehmen 149

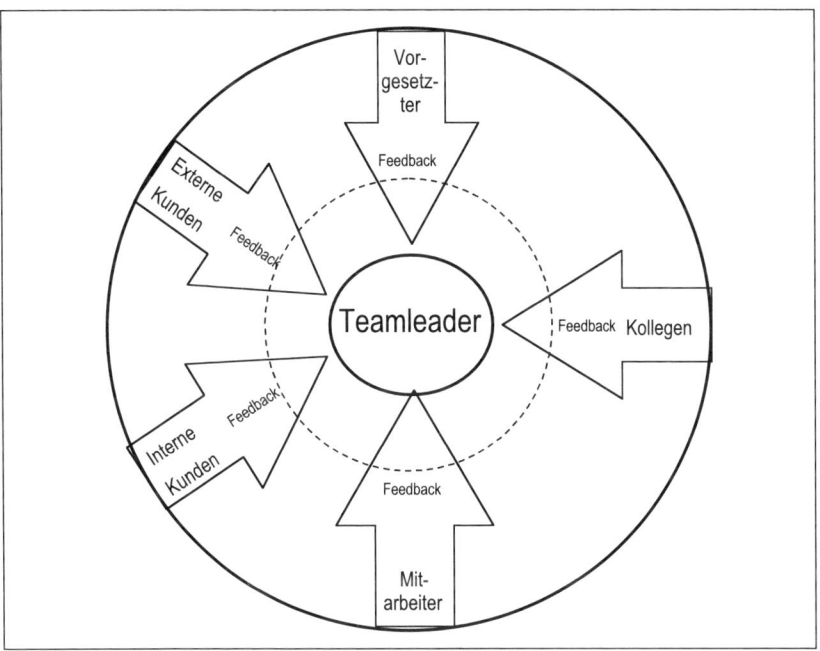

Abbildung: Quellen für das 360°-Feedback

Vom Feedback-Geber werden, um ein umfassendes Bild von der Tätigkeit des Teamleaders zu erhalten, die Informationen und Eindrücke von

- dem direkten Vorgesetzten,
- den Mitarbeitern,
- den Kollegen,
- internen Kunden,
- externen Kunden

in den Feedback-Prozess einbezogen.

Hinzu kommt eine Selbsteinschätzung des Teamleaders, damit ein Abgleich zwischen Selbst- und Fremdbild möglich wird.

Sinnvoll ist ein 360°-Feedback besonders dann, wenn

- Potenzialanschätzungen getroffen werden sollen,
- eine regelmäßige Leistungsbeurteilung damit verknüpft wird oder
- dem Feedback-Nehmer eine detaillierte Rückmeldung als Hilfestellung zur persönlichen Weiterentwicklung geboten werden soll.

Die Instrumente, die zur Datenerhebung für ein 360°-Feedback verwendet werden, sind durchaus frei wählbar. Sie umfassen üblicherweise

- Fragebögen,
- Interviews,
- Selbsteinschätzung.

Es ist denkbar, Verhaltensbeobachtungen, die ein Coach oder ein Trainer in Seminarsituationen gemacht hat, als zusätzliche Quelle hinzuzuziehen. Die Nutzung der unterschiedlichen Feedback-Geber bringt den großen Vorteil, dass die unterschiedlichen Aspekte der Teamleadertätigkeiten durch sie abgedeckt werden:

Die Feedback-Geber im 360°-Feedback	
Feedback-Geber	**Fokus des Feedbacks**
Selbsteinschätzung	Aktive Auseinandersetzung mit dem eigenen Verhalten
Beurteilung durch Vorgesetzte	Primär auf unternehmensbezogene Aspekte ausgerichtet
Beurteilung durch Kollegen	Bereichsübergreifende Aspekte
Beurteilung durch Mitarbeiter	Aspekte der Arbeitsbeziehungen und des erlebten Führungsstils
Beurteilung durch interne/externe Kunden	Marktbezogene Aspekte

Diese Daten werden in Interviews oder/und mithilfe von Fragebögen erhoben. Die Rückmeldung erfolgt in der Regel durch interne oder externe Personalentwicklungs-Experten, da mit diesen Daten der Qualifikationsbedarf des Teamleaders erhoben wird.

Mithilfe des Feedbacks kann der gegenwärtige Stand des Teamleaders mit dem vorher definierten Soll-Profil verglichen werden. Es lassen sich Entwicklungsmaßnahmen ableiten und direkte Hinweise zur täglichen Arbeit ersehen.

Für die Feedback-Kultur dieses Instrumentes gelten dieselben Regeln wie für das Mitarbeiter-Feedback – es ist entwicklungsbezogen, partnerschaftlich und offen zu arbeiten.

*Letzten Endes kann man alle wirtschaftlichen Vorgänge auf
drei Worte reduzieren: Menschen, Produkte, Profit.
Die Menschen stehen an erster Stelle. Wenn man kein
gutes Team hat, kann man mit den beiden anderen
nicht viel anfangen.
(Lee Iacocca, geb. 1924)*

Das Team der Zukunft

Teams sind angehalten, sich in Zukunft selbst zu führen. Dies umfasst die deutliche Erweiterung der Handlungsspielräume, die Übertragung von Entscheidungen und Verantwortung auf einzelne Mitarbeiter und das gesamte Team.

Damit verändert sich auch der Führungsprozess. Autoritäre und kontrollierende Führung, die überwiegend bereits durch partizipative Führung ersetzt ist, wird sich vollends wandeln. An diese Stelle wird die Idee der „Selbstführung" treten. Was teilweise bereits in Projektteams praktiziert wird, wird zunehmend zum Arbeitsprinzip auch für permanente Teams werden.

Für diese Entwicklung gibt es mehrere Gründe:

Funktionsübergreifende und integrierende Arbeitsprozesse werden immer wichtiger, die Organisationen müssen immer flexibler werden. Wettbewerb und Marktsituation verlangen eine hohe Anpassungsfähigkeit, denen Kommando- und Kontrollorganisationen nicht mehr gerecht werden.

Durch zunehmende Verflachung, Lean Management und Profit-Center-Strukturen entstehen immer kleinere Organisationseinheiten, in denen die Mitarbeiter zwangsläufig mehr Verantwortung übernehmen müssen.

Managementressourcen werden aufgrund der Situation auf den Märkten zunehmend für schnelle strategische Entscheidungen gebraucht.

Diese sind somit dem operativen Tagesgeschäft entzogen und müssen durch Mitarbeiterressourcen ersetzt werden.

Durch die gesteigerte Verantwortung und den damit verbundenen Schulungs- und Qualifikationsaufwand werden Mitarbeiter gefordert und damit motiviert. Durch die kontinuierliche Entwicklung von Kompetenzen einerseits und die Erweiterung des Handlungsspielraumes andererseits wird sich das Recruitment von Führungsnachwuchs stärker intern orientieren können.

Qualifizierte Mitarbeiter sind das wichtigste Kapital des Unternehmens. Die Attraktivität des Arbeitgebers erhöht sich durch eine moderne Führungskultur massiv. Leistungsträger sind sich heute ihrer Wahlmöglichkeiten bewusst und werden nicht länger bereit sein, sich autoritären Führungssituationen auszusetzen.

Teams der Zukunft unterscheiden sich also von heutigen Teams darin, dass sie selbst ganz oder teilweise über

- Ziele,
- Umgang mit Ressourcen und Budget,
- Qualifikationen und Schulungen,
- Personelle Entscheidungen,
- Arbeitsmethoden,
- Job Rotation,
- Termine,
- Standards

entscheiden.

Für all diese Dinge stehen sie auch in der Verantwortung. Die Entlohnung wird sich zunehmend an der Teamleistung orientieren. Heutige Profit-Center-Konzepte basieren auf diesem Verständnis von Teams. Mehr und mehr wird die Idee von den Unternehmen im Unternehmen die künftige Arbeitswelt prägen. Somit wird auch der einzelne Mitarbeiter als Teil seines Teams zum Unternehmer. Er ist nicht mehr Teil eines großen Konzerns, dessen Umsätze und Kosten abstrakt und weit vom eigenen Tun entfernt sind, sondern Teil eines kleinen Unternehmens, das selbst für Kosten und Ergebnisse verantwortlich ist und davon auch profitiert.

Instrumente zur Verbesserung der Arbeitsweise und zur Reflexion des eigenen Tuns werden nicht mehr vereinzelt auftreten - sie werden zum zum Standard. Feedback-Gespräche, Coachingsequenzen und Teamtrainings werden sich als feste Größen im Teamkontext etablieren und nicht mehr seltene „Highlights" mit incentivem Charakter darstellen.

Entwicklung des Teamkonzeptes	
Heute	**Morgen**
Autoritäre oder partizipative Führung	Selbstführung, auch rotierende Führung
Entscheidung über Vorgehensweisen, partielle Mitbestimmung oder Anleitung zum Tun	Entscheidungen über Budgethandling, Ziele, Qualifikationen
Mitarbeiter können Initiative ergreifen und Vorschläge machen	Mitarbeiter lösen Probleme proaktiv selbst
Erste Ansätze einer Feedback-Kultur	Feedback gilt als Voraussetzung für effizientes Arbeiten
Vergütung über Fixum und Bonus nach Einzelbeurteilung	Vergütung über Zielvereinbarung und Teamleistung (neben Einzelleistung)
Eher in mittleren und oberen Ebenen angesiedelt	In allen Hierarchieebenen verbreitet

Organisationen, deren kleinste Einheiten aus solchen hochautonomen Teams bestehen, können sich wie lebende Organismen an eine Umwelt anpassen, die sich ständig verändert. Jede Zelle sucht für sich selbst nach Möglichkeiten der Adaption und nicht mehr einige wenige Köpfe im

Top-Management, die Veränderungen beschließen, umsetzen und kontrollieren.

Damit verbunden verändern sich die Anforderungen an Teamleader und Mitarbeiter, die in Teams tätig werden, ebenfalls. Das „typische" Anforderungsprofil für Teamleader wird sich verschieben. Während die Anforderungen an das Niveau von Fachkompetenzen im Vergleich zu heute eher unverändert bleiben, werden Kompetenzen zur Prozesssteuerung, zur Mitarbeiterführung und -entwicklung sowie eine unternehmerische Handlungsorientierung und Flexibilität deutlich stärker gefordert sein.

Für die Mitarbeiter gilt etwas Ähnliches: Hier werden zunehmend kommunikative Fähigkeiten, die Bereitschaft zur Kooperation und das Bewusstsein über die Positionierung innerhalb eines Teams im Zentrum der Aufmerksamkeit stehen. Das unternehmerische Denken wird auch für die Tätigkeit von Mitarbeitern ohne Führungsaufgaben an Bedeutung gewinnen.

Teams hin zu selbststeuernden Sub-Organisationen zu entwickeln, setzt neben dem Vorhandensein entsprechender Kompetenzen und Erfahrungen der Mitarbeiter und der geeigneten Gestaltung der Teamumgebung eine gewisse Reife des Teams voraus. Ein Team ist dann reif für den Übergang in die Selbststeuerung, wenn

- grundlegende Konflikte überwunden sind,
- die Normen der Zusammenarbeit sich entwickelt haben,
- die Rollen im Team verteilt sind,
- die zwischenmenschlichen Beziehungen gefestigt wurden und
- die Sachkompetenzen klar verteilt sind.

Andere Voraussetzungen würden zur Überforderung des Teams führen. Mitarbeiter werden eines hohen Maßes an Ambiguitätstoleranz bedürfen: Sie haben der Balance zwischen individuellen Profilierungswünschen und Teambedürfnissen Rechnung zu tragen.

Literaturverzeichnis

Mehr Erfolg im Team: ein Trainingsprogramm mit 46 Übungen zur Verbesserung der Leistungsfähigkeit in Arbeitsgruppen.
Dave Francis, Don Young, 1996, Windmühle-Verlag, Hamburg.

Coaching – sich und andere zum Erfolg führen.
Rainer Niermeyer, 2000, Rudolf Haufe Verlag, Freibug.

Konfliktmanagement. Konflikte kompetent erkennen und lösen.
Friederike Höher, Peter Höher, 2000, Rudolf Haufe Verlag, Freiburg.

The Team Coach. Vital New Skills for Supervisors & Managers in a Team Environment.
Donna Deeprose, 1995, American Management Association.

Teams führen.
Wolfgang Krüger, 2000, STS Standard Tabellen und Software Verlag, Planegg.

Leading your Team. How to involve and inspire teams.
Andrew Leigh & Michael Maynard, 1997, Nicholas Brealey Publishing.

Managing teams.
Robert Heller, 1998, Dorling Kindersley, London.

Mit Teamarbeit zum Erfolg.
Norbert Ueberschar, 1997, Carl Hanser Verlag, München.

Das Harvard-Konzept: Sachgerecht verhandeln, erfolgreich verhandeln. Das Standardwerk der Verhandlungstechnik.
Roger Fisher, William Ury & Bruce M. Patton, 1998, Campus-Verlag, Frankfurt.

Stichwortverzeichnis

360-Grad-Feedback 96, 98, 148 ff.
Abstimmung 105, 110, 122, 124
Abtaucher 32
Agenda 126, 128
Aggressivität 41
Aktivitäten 40 f., 76, 96
Anforderungsprofil 40, 96, 155
anleitender Stil 100
Arbeitsgrupe 11 ff.
Arbeitsklima 19, 31, 39, 58, 78, 83, 93, 117 ff.
Arbeitskraft 28, 58, 63, 69
Arbeitsmethoden 80, 89, 93, 117 f., 121, 153
Arbeitspferd 55, 57, 61 f., 72
Archivar 56, 58, 60, 72
Assessment-Center 51
Ausbildung 66
Ausbildungsgang 65 f.
Auseinandersetzung 38, 81, 118, 150
Autonomie 27, 118

Beitragsziele 22
Beobachtung 88, 94, 122, 139
Beratung 44, 85, 96
Berufserfahrung 66
Beurteilung 24, 49, 51, 65 f., 69 f., 110, 112, 148, 150
Beurteilung des Führungsverhaltens 148
Beurteilungssysteme 98, 113
Beziehungen 16, 38, 87, 119, 133, 143, 155
Beziehungsebene 15 f., 82, 133, 139
Beziehungsprobleme 44
Brainstorming 129, 142
Brainwriting 129, 142

CLEAR 115
Cliquenbildung 78 f., 87, 93
Coach 85, 89, 94, 96, 104, 150
- externer 85
Coachee 85, 94, 96 ff., 102 f.
coachende Führung 104
Coaching 34, 84 f., 95 f., 98, 102 f.
Coaching-Prozess 85 f., 95, 97, 104
Coachingstile 105
Commitment 20, 91

delegierender Stil 100, 103, 105
Detaillist 56, 59, 62, 65, 72, 77
Differenzen 16, 109, 118, 133
Dilemma 31
Dimensionen 40, 49, 53 ff., 88 f., 121
dominantes Führungsverhalten 35
Dominanz 38
dynamisches Einzel-Assessment 50

echtes Team 12, 41
Eigenschaften 31, 34 f., 45, 50 ff., 92, 119, 122, 135, 146 f.
Einfühlungsvermögen 33, 37, 39, 51
Einpeitscher 33
Einzelcoaching 85, 94
Einzelcoaching, Entwicklungsplan 96f
emotional 19, 37, 80, 136 f.
Empfinden 39
Empfindsamkeit 32, 37, 51
Engagement 19, 52, 57, 89, 99 ff., 103, 116 f., 119, 121
Entscheidungen 23, 26, 35, 38, 43 ff., 50 f., 101 ff., 118, 122, 126, 129, 134, 152 ff.
Entscheidungsfreiheit 38
Entwicklungsanreiz 102
Entwicklungsplan zum Einzelcoaching 96 f.

Entwicklungsstufen 100 ff.
Entwicklungsziele 85, 104
Entwickungsbedarf 32, 110, 116 ff.
Erfolgskontrolle 96, 98
Evaluation 98

Fachkompetenz 14 f., 63 f., 66, 69, 71, 155
Fähigkeiten 9 ff., 34, 36, 40, 45, 49, 52, 59, 66, 72, 84, 86, 99, 101, 103, 105, 118, 155
Feedback 89, 94, 96, 108, 144 ff., 151, 154
Feedback-Gespräche 144, 154
Feedback-Nehmer 146 ff., 150
Feedback-Prozess 146, 149
Flexibilität 10, 36, 51, 155
Forming-Phase 75 f., 93
Fragebögen 7, 48, 51, 150 f.
Führung 18, 34 f., 49, 55, 102 f., 128, 152
Führungsaufgabe 31, 44 f., 98, 103 f., 155
Führungskompetenzen 40, 47 ff., 116
Führungsmotivation 35, 38
Führungsprozess 152
Führungsqualität 44, 88, 117 f.
Führungsstil 100 ff., 106, 150
Funktionalität 116

Galerie-Methode 129
Gesamtorganisation 19, 27, 45, 47, 88, 117 f.
Gewissenhaftigkeit 39, 51
Gratifikationsleistungen 112

Handlungsorientierung 36, 38, 51, 155
Harmoniebedürfnis 17, 77
Helfer 55 ff., 60, 62, 72
Hochleistungsteam 12, 104, 119, 147
Hygiene 134
Ideenschleuder 55, 57 f., 61, 72
individuelle Ziele 110, 112, 119

Information 26, 36, 39, 46 ff., 59, 118, 122 ff., 128 ff., 144, 147 ff.
Instanzen 27
Integration 14, 19, 88, 116 ff., 130
Interview 47, 51, 117, 140, 151
Interviewleitfaden 47

Kienbaum Teamfragebogen 167
Klausur 127
Klima 18, 37, 39 f., 81 f., 122, 131
Kommunikation 19, 26, 37, 86
Kompetenzen 7, 14, 16, 32 ff., 44, 46, 49, 52, 65 f., 70, 72, 84, 96 f., 104, 116, 119, 129, 153, 155
Komplementarität 91
Kompromiss 33, 81
Kompromissbereitschaft 17, 38
Konflikt 33, 81
-arten 135
-bereitschaft 17, 38
-häufung 93
-löse-Prozess 137
-lösung 133, 140, 142
-management 19, 89, 117 f., 121, 156
-potenzial 15 f., 138
Kontaktfähigkeit 37
Kontaktstärke 37, 51
Kooperationsbereitschaft 38, 51
Kooperationswille 91
Koordinatensystem 65
Kreativität 54, 56, 58, 66, 91

Leader 44
Leistungen 12, 82, 84
Leistungsbeurteilung 110, 112 f., 150
Lösungsansätze 38, 141 f.
Lösungssuche 37, 56, 92, 118, 134 f., 141

Macher 32, 53 f., 56, 58, 62, 69 ff., 77
Machtstrukturen 79, 87
Manager 33
Manpower 24
Mediator 134, 141, 143

Meetings 118, 121 ff., 131 ff.
Methodenkonflikte 135
Mitarbeiterressourcen 153
Motivation 9, 46, 85, 100, 140
Motivatoren 37, 46, 147
Motor 9, 56, 60, 72

Neubildung 93
Norming 74, 80, 84
Norming-Phase 80 f., 93

Offenheit 18, 39, 51, 133, 146
One-to-one 124
Organisation 27, 121
organisatorische Voraussetzungen 27
Orientierung 18, 74
Outdoor-Training 91

Partizipation 19
Performing 74, 82, 84
Performing-Phase 82 ff., 93
Personenorientierung 32 ff., 83
persönliche Konflikte 37, 135
Persönlichkeit 15, 17
potenzielles Team 12
Prinzipien 147
Problembehandlung 122
Profile 52, 65, 121
Progess-Meeting 124
Projektmanagement 33 f., 44
Projektteam 7, 18, 111, 152
Protokoll 130 f.
Prototyper 55, 59 ff., 72
Prozesssteuerung 155
Pseudo-Team 12
PURE 115

Qualifikation 19, 33, 100
Querschnittswissen 44

Reflexion 54, 91, 148, 154
Regelkreis 105
Reibungsverluste 16, 28, 116
Reporting 112, 124

Ressourcen 26, 44, 75, 118, 153
Rollen 28, 30 f., 52, 55, 65, 69, 81, 87, 93, 139, 155
Rollenkonflikt 75 f.
Rollenverteilungen 16, 87

Sachebene 15, 38, 80
Sachorientierung 32 ff.
Sammler 72, 77
Schnittstellen 22
Schnittstellencharakteristik 23
Selbsteinschätzung 47, 96, 149 f.
Selbstkontrolle 98
Selbstreflexion 87
Selbstverantwortung 91, 106, 108
Selbstvertrauen 81 f., 97, 102, 106
SMART 115
Spannungen 38, 46, 133, 137 f.
Spezialisten 17
Spielregeln 46, 77, 82, 87 f., 122
Storming 74, 77, 84
Storming-Phase 78 ff., 81, 83, 93, 96
Streitkultur 41, 46, 87, 118
Stressbewältigung 91
Sub-Organisation 155
Synergie 72
Synthese 104 f.

Tagesagenda 123
Team
-analyse 116 ff.
-arbeit, Grenzen 7, 11, 16 ff.
-aufgabe 20, 33
-auftrag 17, 21 f., 25, 29, 39, 63, 69, 75, 92, 94, 119
-besetzung 63
-bildung 17
-entwicklung 74, 79, 84
-entwicklungsphasen 42
-Erfolgsfaktoren 117 f.
-fragebogen 48
-funktion 26, 41
-größe 28 ff.
-identität 90

-klima 86, 92 ff.
-kultur 39, 88, 144
-Meeting 121 f., 124, 137
-mitglieder 9, 15, 17, 19, 23 f., 31, 33 f., 41, 43 f., 51 f., 67 f., 72, 82, 86 f., 94, 104, 116 ff., 130
-mitglieder, Auswahl 52, 75
-profil 90, 119 ff.
-prozess 92
-Setup 70 f.
-spielregeln 17
-training 73, 87, 89 ff., 154
-übungen 92, 94
-ziele 17, 20 ff., 32, 45, 75, 80, 82, 104 f., 119
Therapeut 32
Trainer 89, 94 f., 150
Transparenz 25 f., 109 f., 146

Untergruppe 123
Unternehmenskultur 18
Unternehmensziele 12, 21 ff., 111, 119
unterstützender Stil 100
unterweisender Stil 100

Verantwortung 12, 18 f., 31, 35, 44 ff., 79, 83, 101, 103, 105 ff., 130, 152 f.
Verbindlichkeit 114, 130 f.
Verfahrensfragen 43 f.
Verhaltensbeobachtung 96, 150
Verhaltenskompetenz 14
Verhaltensmuster 87, 93
Verhaltensprofil 65
Verhaltens-Prototypen 65, 69 f., 72
Verhaltensweisen 27, 45, 81, 90, 92, 97 f., 100, 104, 135, 144, 146 ff.
Vertrauen 97, 106 f.
Verteilungskonflikte 135
Visionär 55, 57, 59 ff., 65, 72, 77
Visualisierung 130

Weiterbildung 19, 110, 116
Wertekonflikte 135 f.
Wertesystem 98
Wir-Gefühl 19, 41, 78, 81 f., 86, 90
Wochenagenda 123
Wohlbefinden 31

Ziel
-dialog 110
-erreichung 16, 58, 81 f., 85 f., 96, 104, 112, 115 f., 121
-konflikte 110, 135
-orientierte Aktionen 40
-orientierung 31 ff., 41, 86, 89, 117, 119
-vereinbarung 103 f., 106, 112 ff., 154
-vereinbarungssysteme 113
Zusatzvergütungen 112
Zuverlässigkeit 39

Anhang

- Kreativitätstechniken zum Einsatz in Meetings
- Der Teamfragebogen
- Zielvereinbarungen
- Persönlicher Entwicklungsplan zum Einzelcoaching
- Teamspielregeln
- Feedback-Regeln

Kreativitätstechniken zum Einsatz in Meetings

KREATIVITÄTSTECHNIK MIND MAP

Ziel:

- Ein kompliziertes Thema umfassend überblicken können
- Zusammenhänge und Strukturen visuell darstellen
- Sprunghaftes Denken aus beiden Hirnhälften fördern

Vorgehen:

- In der Mitte des Blattes einen Kreis ziehen
- Das Thema hineinschreiben
- Hauptstichpunkte als Äste anfügen
- Details als Zweige hinzufügen

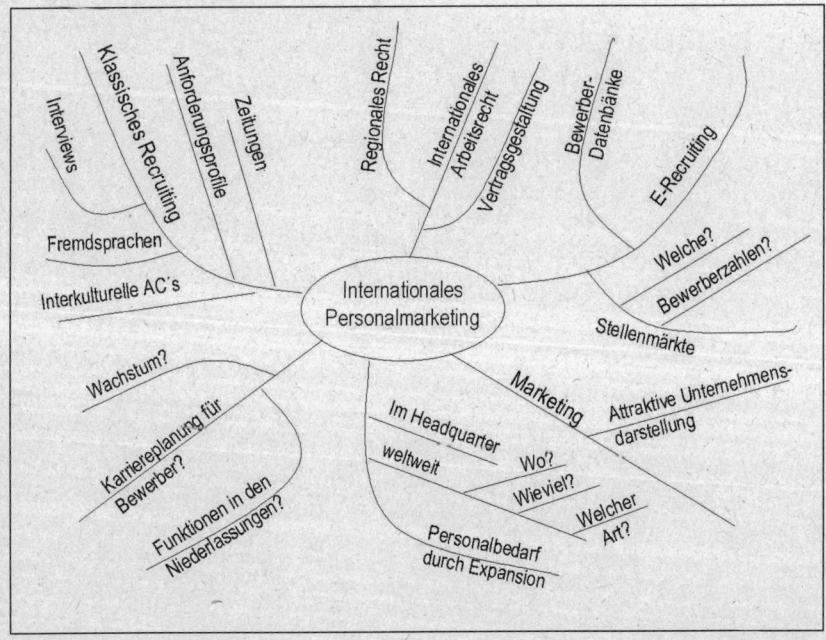

Abbildung: Mind Map

Mit Zahlen und Häkchen können Erledigungsgrad und Bearbeitungsreihenfolge festgehalten werden.

KREATIVITÄTSTECHNIK GALERIE-METHODE

Ziel:

- Bestehende Lösungsansätze ausbauen
- Verhinderung gruppendynamischer Effekte bei der Lösungssuche

Vorgehensweise:

- Pro Problembereich oder Lösungsansatz 1 Flip-Chart, vorhandene Ansätze darauf erfassen
- Jeder Teilnehmer geht von Chart zu Chart und notiert Kritik, Anregung, Ideen
- Auswertung der Notizen

KREATIVITÄTSTECHNIK BRAINSTORMING

Ziel:

- Herausforderung zum Querdenken
- Entwicklung ungewöhnlicher Lösungsvorschläge
- Diskussionsanregung

Vorgehen:

- Die zu beantwortende Frage oder das Thema wird visualisiert.
- Die Teilnehmer sagen, was ihnen spontan dazu einfällt.
- Alle Äußerungen werden in einem Ideen-Pool gesammelt, der für die weitere Verwendung nach der Brainstorming-Phase zur Verfügung steht

Regeln:

- Ausreden lassen
- Keine Wertungen vornehmen
- Denke laut!
- Es gibt keine richtigen oder falschen Ideen.

KREATIVITÄTSTECHNIK BRAINWRITING

Ziel:

- Generierung mehrerer komplexer Vorschläge
- Unter Einbeziehung mehrerer Teilnehmer
- Durch die Weiterentwicklung der einzelnen Ideen durch die anderen Teilnehmer

Vorgehen:

- Jeder Teilnehmer erhält ein Formular, auf dem das Thema/die Frage notiert ist.
- Die Teilnehmer tragen drei Lösungsansätze auf ihrem Formular ein.
- Nach 5 Minuten wird das Blatt weitergereicht und die Lösungsansätze werden vom nächsten ergänzt.
- Nach weiteren 5 Minuten erfolgt ein weiterer Tausch.
- Abschließend erfolgt eine Bewertung der Ergebnisse.

Brainwriting-Formular			
Teilnehmer	Lösungsansatz 1	Lösungsansatz 2	Lösungsansatz 3
1			
2			
3			
...			

Der Teamfragebogen

ÜBER DIESEN FRAGEBOGEN

Der Kienbaum Teamfragebogen wurde von Herrn Dipl.-Psych. Manuel Seyffert etnwickelt. Er soll Teams bei der Analyse der eigenen Situation unterstützen. Er orientiert sich an den acht in diesem Buch dargestellten Faktoren der Teamarbeit.

Aus den Antworten aller Teammitglieder wird ein Mittelwert für jeden der acht Faktoren gebildet. Dazu ist es notwendig, dass alle Mitarbeiter eines Teams diesen Fragebogen ausfüllen. Trennen Sie ihn dazu heraus und vervielfältigen ihn, sooft Sie ihn benötigen. Senden Sie die ausgefüllten Bögen an die Adresse:

Kienbaum Management Consultants GmbH
«Kienbaum Team Fragebogen»
Herr Rainer Niermeyer
Ahlefelder Str. 47
51645 Gummersbach

Sie erhalten als Antwort ein Teamprofil und ein Kurzgutachten, in dem die Ausprägungen der einzelnen Faktoren erläutert werden. Daraus ersehen Sie Stärken und Schwächen Ihres Teams sowie Handlungsfelder, in denen Sie aktiv werden sollten.

Der Kostenbeitrag für die Auswertung von bis zu 12 Fragebögen beträgt derzeit 350,– DM.

KIENBAUM TEAMFRAGEBOGEN

	Stimme nicht zu	Stimme eher nicht zu	Stimme eher zu	Stimme zu
Der Teamleader ist in der Lage, auf die Fähigkeiten und das Engagement der einzelnen Mitarbeiter einzugehen.	O	O	O	O
Dem Team stehen ausreichend Mittel und Ressourcen zur Verfügung.	O	O	O	O
Wurde ein Konflikt gelöst, ist er auch tatsächlich vorbei.	O	O	O	O
Die Zusammensetzung des Teams ist der Teamaufgabe vollkommen angemessen.	O	O	O	O
Unsere Teambesprechungen sind in Ablauf, Inhalt und Zielen sorgfältig vorbereitet.	O	O	O	O
Bei uns ist es jederzeit möglich, abweichende Meiungen und Gedanken zu äußern, ohne dass dies zum Nachteil wird.	O	O	O	O
Jeder im Team ist ernsthaft am Erfolg interessiert und setzt sich mit vollem Engagement dafür ein.	O	O	O	O
Die gemeinsamen Ziele werden von jedem einzelnen Teammitglied getragen.	O	O	O	O

	Stimme nicht zu	Stimme eher nicht zu	Stimme eher zu	Stimme zu
Wichtige Entscheidungen werden nicht im Alleingang getroffen.	O	O	O	O
Es herrscht Klarheit über die Aufgaben des Teams in der Gesamtorganisation und die Abgrenzung zu anderen Bereichen.	O	O	O	O
Konflikte werden in kurzer Zeit und konstruktiv gelöst.	O	O	O	O
Die Fähigkeiten mancher Mitarbeiter liegen brach.	O	O	O	O
Wir haben genügend Zeit, um gemeinsam an neuen Lösungen und Ideen zu arbeiten.	O	O	O	O
Es gibt keine Cliquen und Subgruppen, die miteinander konkurrieren.	O	O	O	O
Die Auflösung des Teams wäre ein echter Verlust für uns alle.	O	O	O	O
Eine gemeinsame Zielvorstellung bzw. Vision hilft uns, auch schwierige Zeiten zu meistern.	O	O	O	O

Der Teamfragebogen

	Stimme nicht zu	Stimme eher nicht zu	Stimme eher zu	Stimme zu
Anerkennung und Kritik durch den Teamleader stehen in einem angemessenen Verhältnis.	O	O	O	O
Das Team hat genügend Autonomie – es wird wenig von außen in die Arbeit eingegriffen.	O	O	O	O
Der Teamleader spricht Konflikte an, ohne sie sich selbst zu überlassen.	O	O	O	O
Einige Mitarbeiter haben noch einen beträchtlichen Nachholbedarf in puncto Weiterbildung.	O	O	O	O
Es wird genau das richtige Maß an Abstimmungs- und Besprechungsaufwand angewandt.	O	O	O	O
Wir pflegen unser Team.	O	O	O	O
Die Arbeit im Team hat auch für uns persönlich einen hohen Wert.	O	O	O	O
Die Ziele unserer Arbeit motivieren zu hohen Leistungen.	O	O	O	O

	Stimme nicht zu	Stimme eher nicht zu	Stimme eher zu	Stimme zu
Der Zusammenhalt im Team wird durch den Teamleader gefördert.	O	O	O	O
Andere Abteilungen unterstützen die Arbeit des Teams genügend.	O	O	O	O
Bei uns kann man Fehler eingestehen – dies gilt als positive Eigenschaft und nicht als Schwäche.	O	O	O	O
Die Teammitglieder bilden mit ihren Persönlichkeiten und Qualifikationen ein interessantes Profil.	O	O	O	O
Vor einer Entscheidung werden mehrere Alternativen gemeinsam abgewogen.	O	O	O	O
Wir führen offene und ehrliche Gespräche.	O	O	O	O
Die Ziele erfordern von allen Teammitgliedern ständig ein Höchstmaß an Einsatz.	O	O	O	O
Die Verteilung der Aufgaben ist transparent – ich weiß, welchen Beitrag ich zum Teamziel leiste.	O	O	O	O

	Stimme nicht zu	Stimme eher nicht zu	Stimme eher zu	Stimme zu
Der Teamleader fordert und fördert persönliche Entwicklung.	O	O	O	O
Übergeordnete Hierarchieebenen geben dem Team ausreichend Rückendeckung und Anerkennung.	O	O	O	O
Es herrscht eine offene Streitkultur. Niemand spricht hinter dem Rücken über andere.	O	O	O	O
Unser Team hat genau die richtige Größe.	O	O	O	O
Wir wissen, wie wir unsere Kreativität nutzen können.	O	O	O	O
Es gibt private Kontakte zwischen den Teammitgliedern.	O	O	O	O
Ich habe das Gefühl, dass sich alle stark engagieren.	O	O	O	O
In der Regel weiß ich, was ich als nächstes tue.	O	O	O	O

	Stimme nicht zu	Stimme eher nicht zu	Stimme eher zu	Stimme zu
Das Team wird nach außen gut vertreten.	o	o	o	o
Das Team oder der Teamleader können Entscheidungen auf höheren Ebenen beeinflussen.	o	o	o	o
Unangenehme Themen werden nicht vermieden.	o	o	o	o
Durch weitere fachliche Qualifikation würde die Teamarbeit noch gewinnen können.	o	o	o	o
Wenn wir uns beraten, werden wir nicht gestört.	o	o	o	o
Unterschiedliche Weltbilder können bei uns nebeneinander existieren.	o	o	o	o
Die Voraussetzungen motivieren mich – es lohnt sich, sich einzusetzen.	o	o	o	o
Es gibt einen Plan, den ich persönlich verfolgen kann.	o	o	o	o

	Stimme nicht zu	Stimme eher nicht zu	Stimme eher zu	Stimme zu
Ein Hauptanliegen des Teamleaders sind die Interessen und Ziele des Teams.	O	O	O	O
Es existieren genügend Handlungsspielraum und Entscheidungsfreiheit.	O	O	O	O
Die inhaltliche Auseinandersetzung steht im Vordergrund und nicht die Macht oder das Recht behalten.	O	O	O	O
Es gibt genügend Menschen bei uns im Team, die wissen, wie man bestimmte Probleme anpackt.	O	O	O	O
Die Aufgaben der Teammitglieder sind eindeutig geklärt. Jeder weiß genau, was er zu tun hat.	O	O	O	O
Wir haben ein starkes Wir-Gefühl.	O	O	O	O
Meine Arbeit ist mir persönlich sehr wichtig.	O	O	O	O
Prioritäten sind bei uns klar zu setzen.	O	O	O	O

	Stimme nicht zu	Stimme eher nicht zu	Stimme eher zu	Stimme zu
Es werden regelmäßig Gespräche über individuelle Ziele und Prioritäten der Mitarbeiter geführt.	O	O	O	O
Unsere internen Kunden wissen genau, was wir für sie tun und tun können.	O	O	O	O
Wir wissen, wie wir Konflikte lösen können.	O	O	O	O
Wir finden sachlich sehr gute Lösungen, mit denen wir und unsere Kunden zufrieden sind.	O	O	O	O
Wir achten darauf, wie wir unsere Zeit und unsere Kräfte einsetzen.	O	O	O	O
Ich arbeite sehr gern in diesem Team, denn die Arbeit macht Spaß und motiviert mich.	O	O	O	O
Bei uns macht es Spaß, sich Herausforderungen zu stellen.	O	O	O	O
Es fällt immer leicht, Wesentliches von weniger Wichtigem zu unterscheiden.	O	O	O	O

Zielvereinbarungen

Zielvereinbarung für die Mitarbeiterin/den Mitarbeiter
Name:
Zeitraum von: bis:
Ziel Nr.:
Teilziele: 1. 2. 3.
Aufgaben: 1. 2. 3. 4.

Wer ist an der Zielerreichung beteiligt?

Erwartungen an die Führungskraft zur Unterstützung der Zielerreichung:

Mit dem Ziel verbundene Entwicklungsmaßnahmen:

Persönlicher Entwicklungsplan zum Einzelcoaching

Für den Zeitraum vom: bis:

Das sind die Stärken, die ich beibehalten will:

1. _____
2. _____
3. _____
4. _____

Das sind die Schwächen, die ich abbauen will:

1. _____
2. _____
3. _____
4. _____

Das will ich zur Erhaltung meiner Stärken tun!

1. _____
2. _____
3. _____
4. _____

Das werde ich tun, um mit meinen Schwächen kontrolliert umzugehen:

1. _____
2. _____
3. _____
4. _____

An diesen Problemen werde ich arbeiten!

1. _____
2. _____
3. _____
4. _____

Im Seminar

_____

_____

_____

_____

Am Arbeitsplatz

_____

_____

_____

_____

_____

Mit Literatur

_____

_____

_____

_____

_____

Teamspielregeln

WIR SIND PARTNER

- Wir verhalten uns anderen gegenüber so, wie wir von anderen behandelt werden wollen.
- Wir sind uns untereinander Partner zur Verfolgung eines gemeinsamen Zieles – wir konkurrieren nicht miteinander.
- Wir kommunizieren offen und ehrlich miteinander.
- Wir leisten Anerkennung für das, was der Einzelne schafft.
- Wir üben sachlich Kritik – es wird über Inhalte, nicht über Personen gesprochen.

WIR SIND DIENSTLEISTER UND KUNDEN

- Wir halten uns an verbindliche Vereinbarungen und Entscheidungen.
- Wir melden Bedenken stets vor der Entscheidung an – oder wir akzeptieren und tolerieren.
- Wir handeln so, dass andere einen Nutzen davon haben – egal ob im Team oder nach außen.
- Wir bereiten uns so auf Meetings vor, dass Beiträge geleistet werden, von denen alle etwas haben.
- Wir geben Informationen schnell weiter. Kriterium für die Weitergabe ist nicht Politik, sondern der Nutzen für das Team.

Feedbackregeln

REGELN FÜR DEN FEEDBACK-GEBER

- Beschreiben Sie Ihre Wahrnehmung!
- Bewerten Sie Verhalten nicht!
- Werten Sie nicht die Person als Ganzes!
- Beziehen Sie sich auf konkrete Situationen!
- Sprechen Sie in einem partnerschaftlichen Ton!
- Vermeiden Sie Allgemeinplätze!
- Sprechen Sie in Wünschen und Informationen!
- Sprechen Sie aus der Ich-Perspektive heraus!
- Versuchen Sie nicht, die Probleme anderer zu lösen, sondern ermutigen Sie zur Lösungssuche!
- Beobachten Sie sich selbst, ob das, was Sie sagen, Ihnen selbst in dieser Art und Weise helfen würde!
- Bedanken Sie sich für die Aufmerksamkeit und beenden Sie das Gespräch stets ermunternd!

REGELN FÜR DEN FEEDBACK-NEHMER

- Verstehen Sie das Feedback als Hilfestellung!
- Hören Sie aufmerksam zu!
- Wenn Sie etwas nicht verstehen, fragen Sie nach!
- Versuchen Sie, sich an die beschriebenen Situationen zu erinnern!
- Versetzen Sie sich in die Lage anderer Personen!
- Versuchen Sie sich nicht zu rechtfertigen – was geschehen ist, ist vorbei!
- Überlegen Sie Handlungsalternativen und sprechen Sie darüber!
- Bedanken Sie sich für die offene Darstellung und nutzen Sie die Chance zum Lernen!

Neu

STS TASCHENGUIDE
Einfach! Praktisch!

Stecken Sie einfach alle in die Tasche!

Bestseller:

- Kaufmännisch Rechnen
- Selbstmanagement
- Moderation
- Bilanzen lesen
- Die Börse
- Projektmanagement
- Schlagfertigkeit
- Arbeitszeugnisse
- Konflikte im Beruf
- Marketing

Neuerscheinungen:

- Aktien
- Assessment Center
- Buchführung mit DATEV
- Investmentfonds
- Stress ade
- Verhandeln
- Die attraktive Bewerbung
- Richtig werben
- Arbeitsrecht - Leitfaden für Führungskräfte
- Teams führen

Einfach! Praktisch!

Überzeugend präsentieren, alle Zahlen im Griff, kostengünstig finanzieren, effektiv verkaufen und vor allem immer kreativ und mit Spaß bei der Sache.

Die neuen STS TaschenGuides bieten Ihnen schnell und kompakt einfach praktische Lösungen zu Ihrem Thema. Sie erhalten Wissen, das Sie nicht nur beruflich, sondern auch privat weiterbringt.

Jeder TaschenGuide bietet Ihnen

- einen schnellen Einstieg
- kompaktes, leicht umsetzbares Know-how
- ein handliches, übersichtliches Format
- einen sensationell, günstigen Preis von nur 12,90 DM

Im Buchhandel erhältlich oder direkt bestellen beim STS Verlag, Fraunhoferstr. 5, 82152 Planegg Telefon: 089/89 517-288 oder Telefax: 089/89 517-250
Internet: http://www.haufe.de

Moderieren mit System

So führen Sie Ihr Team zum Erfolg!

In diesem praxisorientierten Ratgeber erfahren Sie, wie Sie:
- eine Moderation optimal vorbereiten,
- Brainstorming, Visualisierung und Reviewing richtig einsetzen,
- Konsens herstellen und sichern,
- mit der vorhandenen Zeit besser umgehen.

Setzen Sie gezielt Moderationstechniken ein!
Unterstützt durch die richtige Moderation werden Sie Besprechungen, Teams und Projekte kompetent managen.

Sperling/Wasseveld
Führungsaufgabe Moderation
4. Auflage 2000
152 Seiten
DM 39,90
Best.-Nr. 00604-0003
ISBN 3-8092-1424-8

Bestellen Sie bei Ihrer Buchhandlung
oder direkt beim Verlag:
Haufe Mediengruppe, Fraunhofer Str. 5, 82152 Planegg
Tel.: 089 / 8 95 17 - 288, Fax: 089 / 8 95 17 - 250
Internet: http://www.haufe.de
E-Mail: bestellen@haufe.de